Die sozioökonomische Transformation

Anja Kossik • Karl Hitschmann

Die sozioökonomische Transformation

Wie Wellenreiter aus der Wirtschaftskrise führen

Springer Gabler

Anja Kossik (iD)
Promise IBC s.r.o
Prešov, Slowakei

Karl Hitschmann (iD)
BUSINESS DESIGN
Wien, Österreich

ISBN 978-3-662-62949-9   ISBN 978-3-662-62950-5 (eBook)
https://doi.org/10.1007/978-3-662-62950-5

Die Deutsche Nationalbibliothek verzeichnet diese Publikation in der Deutschen Nationalbibliografie; detaillierte bibliografische Daten sind im Internet über http://dnb.d-nb.de abrufbar.

Springer Gabler

Einbandabbildung: © Lighthouse, www.lighthouse.co.at

Springer Gabler ist ein Imprint der eingetragenen Gesellschaft Springer-Verlag GmbH, DE und ist ein Teil von Springer Nature.
Die Anschrift der Gesellschaft ist: Heidelberger Platz 3, 14197 Berlin, Germany

Vorwort – Von unerwarteten Begegnungen und ihren Folgen

In diesem Buch spielt Unvorhergesehenes eine zentrale Rolle. Wir hatten uns zu einem geschäftlichen Mittagessen getroffen, wenige Tage bevor unser Leben durch einen globalen Lockdown in zwei klar definierte Abschnitte geteilt wurde: die Zeit vor Corona und die Zeit mit Corona. Damals, bei einem Businesslunch im März 2020, der eigentlich nur abklären sollte, ob unsere Art und Weise zu denken und unseren Job zu machen prinzipiell kompatibel wäre, ging es um ein erstes Abtasten. Es ging darum, Möglichkeiten für eine zukünftige Zusammenarbeit auszuloten. Eine gemeinsame Freundin hatte uns zusammengebracht und gesagt: „Redet miteinander. Ihr tickt gleich!" Wie gleich wir tatsächlich wirklich ticken, konnten wir bereits bei unserem ersten Aufeinandertreffen feststellen. Da ging es um Sinnfindung in der Arbeitswelt, um die Frage Beruf versus Berufung, um die Bedeutung von Persönlichkeitsentwicklung bei Führungskräften, um Bewusstseinssprünge in unserer Gesellschaft oder Symptome eines Systemversagens. Dass ein derartiges Gespräch mehr als nur mittägliches „Mindfood" für unsere persönliche Horizonterweiterung werden würde, sondern vielmehr weitreichende Konsequenzen nach sich ziehen sollte, das konnten wir bereits wenige Tage später herausfinden.

Jeder kennt das. Es gibt Projekte, die spuken einem lange im Kopf herum. Die sind einfach da und warten nur auf die richtige Gelegenheit, um sich zu manifestieren. Dieses Buch ist genau so ein Projekt. Konzepte, Ideen und Gedanken, die zu Papier gebracht werden wollten, waren bei uns beiden unabhängig voneinander schon eine Weile vorhanden. Anja Kossik hatte sich bereits wenige Jahre zuvor im Rahmen eines Forschungsprojekts intensiv mit Ethik, Werten und Sinnfindung in der Arbeitswelt auseinandergesetzt und sich dabei die Frage gestellt, was es braucht, damit Menschen in ihrem beruflichen Umfeld psychisch gesund bleiben können (Kossik 2018). Karl Hitschmann wiederum hatte schon über viele Jahre seine Erfahrungen und Gedankensplitter zu Transformationsprozessen in Organisationen in Artikeln, Blogeinträgen und bei Vorträgen veröffentlicht. Nur im täglichen Arbeiten, eingedeckt mit unzähligen Aufgaben, Terminen und Abhängigkeiten, fehlt es auch versierten Beratern wie uns an einer wesentlichen Komponente, die eine Grundvoraussetzung für das Niederschreiben derartiger Gedanken in Form eines Buchs ist: einer passenden Gelegenheit.

So gesehen hat sich aus unserem Kennenlernen unerwarteterweise die wohl passendste Gelegenheit ergeben, auch wenn wenige Tage später eine Pandemie in unserem gesellschaftlichen Leben für eine Weile die Pausetaste gedrückt hat. Plötzlich ist zwar das Berufsleben chaotischer und unplanbarer als je zuvor, doch im Privatleben steht alles still. Man sitzt im Homeoffice mit massiv eingeschränkten Freiheitsgraden. Und so gab es nach unserem ersten persönlichen Treffen aufgrund der äußeren Umstände zuerst einmal ein digitales Follow-up.

Ein paar E-Mails und Videokonferenzen später war klar, dass wir beide bereits die Vision zu einem Buch hatten, das sich mit der bevorstehenden und – unserer Meinung nach – unvermeidlichen Transformation dessen beschäftigt, wie wir zukünftig leben, arbeiten und wirtschaften werden. Eine Art Reiseführer für Menschen, die die Zeichen der Zeit erkennen, die in ihrem Umfeld Veränderungen herbeiführen wollen und die dafür nach einem Werkzeug suchen, das sowohl theoretische Hintergründe als auch Praxiswissen für den Umgang mit den anstehenden Transformationsprozessen liefert. Und es war für uns ebenfalls klar, dass wir dieses Buchprojekt allen aktuellen Ereignissen zum Trotz durchziehen wollen, weil wir davon überzeugt sind, dass wir uns unabhängig von aktuellen Entwicklungen wie Pandemien und Terroranschlägen in einer umfassenden Phase der Veränderung befinden, die sich gleichermaßen auf die Gesellschaft wie auch auf die Wirtschaft auswirken wird. Zurück zu einem einfachen „New Normal" wird es da nicht geben können. Nein, die Zeit für dieses Buch war einfach reif. Es ist fast so, als ob es geschrieben werden *wollte.*

Warum also ausgerechnet von uns?

Man darf uns mit gutem Gewissen und in aller gebotenen Bescheidenheit als gestandene Profis unserer Branche bezeichnen. Wir bringen nicht nur im beruflichen Kontext jede Menge an Erfahrung in der Beratung und im Coaching von Unternehme(r)n, Managern und anderen Führungspersönlichkeiten mit, wir legen hier auch ohne Zögern eine sehr unterbewertete und in unserer Gesellschaft teilweise gering geschätzte Fertigkeit auf den Tisch: unsere zusammengerechnet mehr als 100-jährige Lebenserfahrung. Und in kumulierten 100+ Jahren, da kommt schon einiges an Erlebtem zusammen – nicht nur unsere Ausbildungen in theoretischem Wissen (und auch davon können wir, wenn nötig, einen bunten Strauß an mehr oder weniger Sinnvollem vorweisen), sondern vor allem unser praktisches Training-on-the-Job, der tägliche Umgang mit Organisationen und den in ihnen arbeitenden Menschen. Die zwischenmenschliche Interaktion und Kommunikation, genau dort sind wir seit vielen Jahren zuhause. Direkt vor Ort, direkt an der Front, wenn man so will. Das gibt uns einen großen Vorteil. Wir wissen aus eigener Erfahrung, welche Methoden, Arbeitsweisen und Zugänge funktionieren, auch wenn diese auf den ersten Blick etwas unorthodox erscheinen mögen. Und genau diese Erfahrung wollen wir teilen.

Denn wir werden nicht nur eingebunden und zu Rate gezogen, wenn in einem Unternehmen irgendwo Sand im Getriebe ist und gewohnte Prozesse neu strukturiert werden müssen, sondern wir sind auch Ansprechpartner für die Entwicklung von Zukunftsstrategien oder Visionen und eine vertrauliche Klagemauer, wenn selbst den stärksten Persönlichkeiten die Last einmal zu viel wird. Wir bringen neue Standpunkte in verfahrene Diskussionen ein, helfen dabei, innovative Lösungen für verzwickte Probleme zu finden und nehmen die in vielen Fällen verloren gegangene Sicht von außen ein, um den direkt Betroffenen wieder eine andere Perspektive auf ihr im eigenen Saft schmorendes System zu bieten. Genau das Gleiche versuchen wir auch mit diesem Praxisbuch, nur haben wir uns diesmal zum Ziel gesetzt, nicht nur von außerhalb einer

Organisation einen Blick nach innen zu werfen, sondern gleichzeitig auch viele als unverrückbar und vorgegeben hingenommene Parameter und Paradigmen unseres Gesellschafts- und Wirtschaftssystems prinzipiell zu hinterfragen.

Alles eine Frage der Haltung

Wenn wir Außenstehenden unsere Art zu arbeiten beschreiben, dann klingt das vielleicht nicht viel anders als bei einer Vielzahl anderer Coaches und Wirtschaftsberater auf dem Markt. Wir wollen uns jedoch bei dieser Gelegenheit gleich deklarieren, denn wir stehen für einen ganz besonderen Beratungsansatz und eine ethische Grundhaltung, die wir in den nachfolgenden Kapiteln dieses Buchs noch im Detail beschreiben werden. An dieser Stelle sei dazu nur so viel gesagt, dass wir beide unsere Wurzeln in einer systemischen Schule der Organisationsentwicklung haben und ein zutiefst humanistisches Weltbild vertreten.

Warum ist das wichtig? Wer von diesem Buch erwartet, einfache Patentrezepte zu bekommen, die sich ausschließlich auf Wege zur kurzfristigen Maximierung der Unternehmensgewinne fokussieren, der ist bei uns leider völlig falsch. Wir reden nicht über Effizienzsteigerung, Lean Management oder ROI, sondern über Menschen, ihre Antreiber und Motivationen sowie über die Bedeutung sozialer Geflechte, einer ethischen Grundhaltung und sozial verantwortlichen Wirtschaftens. Wir reden über psychosoziale Gesundheit von Mitarbeitern, Sinnfindung in der Arbeitswelt, über Werte und die Vorteile langfristigen Handelns. Wir reden über Stakeholder, nicht Shareholder. Und dann, erst ganz zum Schluss, reden wir darüber, warum ein derartiges Menschenbild und eine derartige Haltung unserer Meinung nach in Zukunft zu einem echten Wettbewerbsvorteil werden.

No Buzzwords

Hier noch ein paar Worte in eigener Sache. Wir habe durch unsere zahlreichen schriftlichen Veröffentlichungen gelernt, Texte so zu verfassen, dass für den Leser nicht nur der rote Faden und die zugrunde liegenden Gedankengänge gut nachvollziehbar sind, sondern dass Formulierungen, bei aller Sachlichkeit, auch angenehm und flüssig lesbar bleiben. Wir haben also versucht, in gleichem Maße der Forderungen eines Sachbuchs in Bezug auf fachliche, inhaltliche und formale Korrektheit nachzukommen und dabei trotzdem durch die Art und Weise der sprachlichen Aufbereitung einer guten Lesbarkeit und allgemeiner Verständlichkeit Rechnung zu tragen. Deshalb haben wir auch in Ermangelung eines allgemein anerkannten und gebräuchlichen Standards, bei allem Respekt für die Schaffung sprachlicher Realitäten, in diesem Buch auf die Verwendung geschlechtsneutraler Sprachformen verzichtet – nicht aus Ignoranz, sondern weil die Texte dadurch einfach besser lesbar sind. Es ist uns außerdem wichtig, darauf hinzuweisen, dass aufgrund unserer Haltung die Gleichstellung aller Menschen für uns eine Selbstverständlichkeit ist. Das heißt, die geschlechtsbezogenen Aussagen in diesem Buch gelten gleichermaßen für alle Geschlechtsidentitäten.

Wer in vergangenen Jahren Kongresse, Workshops oder Konferenzen besucht hat, kann spätestens nach einer Handvoll an Keynote-Vorträgen die derzeit angesagten Schlagworte herunterbeten. Ja klar, auch wir beherrschen „Management-Sprech" zur Beschreibung der wichtigsten Trends: Kooperative, agile oder resiliente Organisationen bzw. Führungskräfte einerseits stehen den Herausforderungen durch Digitalisierung, Big Data, Data Analytics, Blockchain, künstliche Intelligenz, Plattformökonomie, 5G, Urbanisation, Smart Cities, Klimawandel, Überalterung, Generation XYZ und durch die VUCA-Welten andererseits gegenüber. Kombiniert mit der Angst vor disruptiven Innovationen aller Art hat sich hier eine nahezu undurchschaubare Nebelwand an Begriffen herausgebildet, bei denen schwammig definierten Zukunftstrends mit mindestens genauso schwammig definierten Managementtools begegnet wird. Wir wollen, dass sich diese Nebelbänke lichten, indem wir möglichst umfassend und ohne Buzzword-Bingo[1] auf die kommenden Herausforderungen eingehen und auch genau erklären, was hinter jedem der von uns vorgestellten Konzepte steht – sowohl in der Theorie als auch ganz besonders in der Praxis.

---

[1] Wir empfehlen Buzzword-Bingo zum Beispiel für die nächste Aktionärsversammlung, Vorstandssitzung oder Pressekonferenz der Regierung. Anleitungen zu diesem sehr erhellenden Spiel finden sich online.

Über den Aufbau dieses Buchs

Und so bleibt uns nur, zum Schluss noch etwas zum Aufbau dieses Buchs zu sagen. Jedes Kapitel ist einem speziellen Blickwinkel gewidmet. Kap. 2 kann als eine Art Faktensammlung verstanden werden. Viele unserer Kunden finden bereits seit geraumer Zeit mit ihren herkömmlichen Methoden und Lösungswegen keine wirklichen Angriffspunkte mehr, um sich an die ständigen Veränderungen, Risiken oder Krisen, die aus allen Richtungen von außen auf ihre Organisationen hereinprasseln, optimal anzupassen. Sie beobachten, genau wie wir, viele verschiedene Problemstellungen und Symptome, die ihnen ein unerklärliches Unbehagen verursachen, ohne dass sie wirklich den Finger drauflegen können. Wir haben diese Symptome auch gesehen und begonnen, sie wie Puzzlesteine zusammenzutragen, einerseits auf organisationaler Ebene, andererseits auf gesellschaftlicher Ebene. Wir glauben zwar nicht an Verschwörungstheorien, aber setzt man diese Teile zusammen, dann ergibt sich schnell ein Gesamtbild vom aktuellen Zustand unseres sozioökonomischen Systems, das – ohne jetzt in sinnlose Panik verfallen zu wollen – durchaus als bedenklich bezeichnet werden kann.

In Kap. 3 begeben wir uns gemeinsam auf die Reise in unsere systemische Gedankenwelt. Wir erkunden dieses aus Einzelbeobachtungen zusammengefügte Gesamtbild aus einer übergeordneten Perspektive mit dem Ziel, bislang vielleicht unbewusste Zusammenhänge, aber auch Widersprüchlichkeiten herauszulesen und sichtbar zu machen. Wir versuchen auf eine gewisse Weise die systemische Analyse des aktuellen IST-Zustands und erklären einige grundlegende Konzepte, die uns für das bessere Verständnis nachfolgender Inhalte wichtig erscheinen. Dazu beschäftigen wir uns auch in aller Kürze mit ein paar grundlegenden Begrifflichkeiten und Denkansätzen der Systemtheorie. Kap. 4 wiederum macht einen Schritt in die Zukunft. Wir erklären, nach einer theoretischen Einführung in das Konzept der langen Wellen wirtschaftlicher Entwicklung, im Detail, welche gesellschaftlichen Veränderungen wir erwarten und welche Bedeutung diese kollektive Transformation für unsere Wirtschaft haben wird. Wir beschreiben, was diese Veränderungen für die einzelne Organisation und Führungskräfte bedeuten, welche Auswirkungen sie haben werden und an welchen Parametern man sie festmachen kann. Wir zeichnen hier, aufbauend auf Trends, die wir in unserer beruflichen Praxis beobachten können, ein Zukunftsbild der nächsten Welle.

Was wäre ein Praxisbuch ohne entsprechende Praxis? Kap. 5 stürzt sich kopfüber in die Umsetzung. Welche Konsequenzen haben die im vorhergegangenen Kapitel vorgestellten Konzepte, wenn man daraus zukünftig einen Wettbewerbsvorteil generieren möchte? Welche Stakeholder müssen eingebunden werden und wie soll das alles praktisch funktionieren? Und welchen konkreten Nutzen kann ich als Führungskraft daraus ziehen? In diesem Kapitel geht es also um die tatsächliche Umsetzung des zuvor Erarbeiteten in den Unternehmen. Dazu bringen wir Konzepte und Umsetzungstipps aus unserer Beratungspraxis ein, die als exemplarisch für erfolgreiches unternehmerisches Handeln in der Zukunft gelten können – gewissermaßen das Best-Practice-Modell einer neuen Wirtschafts- und Gesellschaftsordnung. Abschließend wagen wir dann noch den Blick nach vorne. Wohin, so glauben wir, wird uns diese Reise führen? Genau das wollen wir jetzt gemeinsam herausfinden.

Prešov, Slowakei   Anja Kossik
Wien, Österreich   Karl Hitschmann

Literatur

Kossik, A. (2018). *Sinn und Werte als Burnout-Prophylaxe – Über den Einfluss von Ethik und sozialer Nachhaltigkeit in der Wirtschaft auf die psychische Gesundheit am Arbeitsplatz.* Klagenfurt: Alpen Adria Universität Klagenfurt.

Danksagung

Wir wollen die Gelegenheit ergreifen und uns an dieser Stelle bei den Menschen bedanken, die direkt oder indirekt einen Beitrag zu diesem Buch geleistet haben.

Wir danken zu allererst unseren Lehrern und Mentoren, die uns die systemische Denkweise nähergebracht und so unsere Sicht auf die Welt nachhaltig verändert haben. Dazu zählen ganz besonders der 2018 viel zu früh verstorbene Philosoph und Gruppendynamiker Professor Peter Heintel, der mit seiner humanistischen, alles hinterfragenden und immer wohlwollenden Haltung seiner Zeit um Jahrzehnte voraus war, sowie Dr. Wolfgang Hemel, Psychotherapeut, Gesundheitspsychologe und Managementberater, der in den 1990er-Jahren ebenso bereits sehr früh damit begonnen hat, Führungskräfte der Wirtschaft mit konstruktivistischem Gedankengut zu infizieren – was ihm auch offensichtlich gut gelungen ist.

Wir danken Leo A. Nefiodow, dem führenden Experten für die Kodratjew-Zyklen, dafür, dass er uns seine Zeit geschenkt hat und uns persönlich für ein Gespräch zur Verfügung gestanden hat. Er hat seine wertvollen Erkenntnisse zur 6. Welle und zur Zukunft des Gesellschafts- und Wirtschaftssystems mit uns geteilt.

Ein ganz besonderer Dank gilt unseren Peer Reviewern Bernd Gastermann, Radovan Kovac, Isabella Krammer, Thomas Materazzi, Peter Mitterhofer, Friederike Rosenthal, Andreas Sator und Bernd Winter, die uns mit ihrer konstruktiven Kritik und ihrem hilfreichen Feedback dabei unterstützt haben, verbleibende Ecken und Kanten im Lesefluss auszumerzen, für die Leser den maximalen Nutzen herauszuholen und damit diesem Buch den letzten Schliff zu geben.

Unsere Freunde und unsere Familien sind immer ein wesentlicher Teil unserer Gedanken- und Wertewelt und sie beeinflussen damit, wer wir als Menschen sind und wofür wir stehen. Denen, die vor uns waren, danken wir für ihre Liebe und Fürsorge, denen, die uns jetzt begleiten, für ihre Unterstützung und Motivation. Und denen, die nach uns kommen, danken wir dafür, dass sie uns jeden Tag an unsere Aufgabe erinnern, ihnen die Welt besser und lebenswerter zu hinterlassen als wir sie vorgefunden haben.

Ein Dankeschön geht auch an unsere jeweiligen Partner Markus Stopper und Karin Scansy, die nicht nur unsere Begeisterung für die Beschäftigung mit der gesellschaftlichen und wirtschaftlichen Transformation teilen und uns dabei immer wertvolle Gesprächspartner und Ideenbringer waren, sondern die letztendlich auch toleriert haben, dass wir über Wochen unseres Lebens unsere ganze Aufmerksamkeit und Energie in „Das Buch" gesteckt haben.

Und zu guter Letzt wollen wir uns auch gegenseitig für stundenlange spannende und bereichernde Diskussionen danken und dafür, dass wir durch die Auseinandersetzung mit den vielen verschiedenen Themenfeldern dieses Buchs Neues erfahren und gelernt und uns dadurch als Menschen weiterentwickelt haben. Das war Kooperation „at its best". Denn so konnte gemäß unserem Lieblingsmotto 1 + 1 = 3 ein Endergebnis entstehen, das weit mehr ist als die Summe seiner Teile.

Inhaltsverzeichnis

1 Einleitung   1

2 Puzzlesteine einer Systemkrise   13
2.1   Das Bauchgefühl – Eine unterschätzte Gabe   13
2.2   Es ist etwas im Busch   15
2.3   Symptome in Organisationen   16
    2.3.1   Alles unter Kontrolle?   16
    2.3.2   Explodierende Kommunikationskosten   18
    2.3.3   Frustration durch Dissonanzen   20
    2.3.4   „Bürokratischer Bullshit" nimmt überhand   22
2.4   Krankheitssymptome des Systems   25
    2.4.1   Aussteigen, Ausbrennen, Aufgeben   25
    2.4.2   Die Instant-Gratification-Seuche   29
    2.4.3   Die angstgesteuerte Gesellschaft   31
2.5   Die Apokalypse wurde abgesagt   34
Literatur   37

3 Die systemische Perspektive   39
3.1   Ein kurzer Ausflug in die Systemtheorie   40
3.2   Wicked Problems – Was macht moderne
    Problemstellungen so boshaft?   47

3.3   Wenn sich ein soziales System wehrt   52
3.4   Wie man ein totes Pferd reitet   55
       3.4.1   Effizienz – Der Tanz um das goldene Kalb   56
       3.4.2   Regeln, Regeln und noch mehr Regeln   57
       3.4.3   Zu Tode optimiert ist auch gestorben   60
Literatur   62

4   **Wir wagen einen Blick in die Zukunft**   65
4.1   Die Wellen des Herrn Kondratjew   67
       4.1.1   Fünf Wellen erledigt   71
       4.1.2   Live dabei – Die sechste Welle   74
       4.1.3   Was bedeutet „psychosoziale Gesundheit"
                eigentlich genau?   79
4.2   Die ersten Anzeichen des Systemwandels   83
       4.2.1   Communities   83
       4.2.2   Empathiefähigkeit   86
       4.2.3   EQ – Die emotionale Intelligenz   90
4.3   Das (Er-)Lösungssystem – Die Eckpfeiler einer sozial
       gesunden Gesellschaft   95
       4.3.1   Angstfrei   96
       4.3.2   Vertrauensvoll   98
       4.3.3   Kooperativ   99
       4.3.4   Sinnerfüllt   101
Literatur   103

5   **Der Schritt in die Umsetzung**   105
5.1   Theorie ist gut – Praxis ist viel, viel besser   106
       5.1.1   Mitarbeiter   107
       5.1.2   Kundenbindung und Neugewinnung   112
       5.1.3   Transaktionskosten   116
       5.1.4   Kooperationen   125
5.2   Hilfreiche Konzepte   128
       5.2.1   Leadership   129
       5.2.2   Betriebsystem   134

 5.2.3   Stakeholder   140
 5.2.4   Sozialkapital   145
5.3   Die Quintessenz   150
Literatur   153

6   Wohin geht die Reise?   155
Literatur   159

Über die Autoren

Dr. Anja Kossik, MSc und Karl Hitschmann, MBA CMC „Wir sind zwei Management-Coaches und Wirtschaftsberater, die in verschiedenen Ansätzen die Wirkungsweise der nächsten Welle schon heute in ihrer beruflichen Praxis erkennen und auch aktiv in ihren Kundenprojekten einsetzen. Wir helfen damit Unternehmern, Managern, Projektleitern und ganzen Teams, auf eine völlig neue Art und Weise an ihre Aufgabenstellungen heranzugehen und ein zukunftsorientiertes Führungs- und Managementverständnis zu entwickeln. Als Organisationsberater teilen wir ein systemisches und humanistisches Weltbild."

1

Einleitung

*„Our situation is not comparable to anything in the past. It is impossible,
therefore, to apply methods and measures which at an earlier age might have
been sufficient. We must revolutionize our thinking, revolutionize our
actions, and must have the courage to revolutionize relations among nations
of the world. Clichés of yesterday will no longer do today, and will, no doubt,
be hopelessly out of date tomorrow. "*

*Albert Einstein, Theoretischer Physiker (1879–1955), in „A Message to
Intellectuals"*

Ein strahlender Frühlingstag Ende der 1990er-Jahre
Petra blickt sich um. Der Seminarraum ist hell gestrichen und durch
große Fenster fällt ausreichend Licht in den freundlichen Raum, in dem
sie bereits den dritten Tag verbringt. Es ist kurz vor Mittag und ihre Gedanken hatten begonnen, langsam abzuschweifen. Schon seit gestern ist
sie irgendwie unkonzentriert. Die Ideen, die am Vortag in ihrem Füh-
rungskräfteseminar behandelt worden waren, lassen sie einfach nicht
mehr los. Sie hatte dadurch völlig neuartige Einblicke gewonnen. Der
Vortragende hatte einen gänzlich andersartigen Zugang zur Funktionsweise von Teams und Organisationen vorgestellt und sie zum Nachden-

A. Kossik, K. Hitschmann, *Die sozioökonomische Transformation*,
https://doi.org/10.1007/978-3-662-62950-5_1

ken angeregt. Das Dilemma, das sie seitdem beschäftigt: Diese Ideen stehen im Widerspruch zu allem, was sie bisher gelernt und selbst erfahren hatte. Petra fühlt sich seither irritiert und unruhig. Das war auch der Grund gewesen, weshalb sie gestern gleich nach dem Abendessen auf ihr Zimmer verschwunden war, ohne mit den Seminarkollegen noch auf den üblichen Drink zu gehen. Sie war müde gewesen und hatte sich mit vielen Fragezeichen im Kopf erschöpft schlafen gelegt.

Zu Beginn des heutigen Seminartags aber war Petra wieder so energiegeladen wie die Sonnenstrahlen gewesen, die die Landschaft draußen in ein warmes, frühsommerliches Licht tauchten. Die offenherzige Begrüßungszeremonie des Seminarleiters hatte ihr dabei geholfen, sich problemlos wieder in die Seminargruppe einzuklinken und ein neues Thema anzugehen. Der Vormittag war für sie dann überraschend schnell vergangen. Immer wieder hatte sie bemerkt, dass sich ihre Gedanken mit den Erkenntnissen des Vortags beschäftigten. Jetzt blickte sie auf ihre Uhr, die zehn nach zwölf zeigt und damit die nahende Mittagspause ankündigt. Die verbleibende Zeit würde sie mit halber Aufmerksamkeit auch noch schaffen. Der Seminarleiter, der den Eindruck macht, als ob er sich extrem gut in die Gruppe einfühlen kann und der die Bedürfnisse, Emotionen und Erwartungshaltungen der Teilnehmer scheinbar an ihrer Mimik ablesen kann, schien von ihrer Halbanwesenheit bisher keine Notiz zu nehmen. Was Petra auch nicht weiter gestört hatte, da sie noch nicht bereit war, ihre Verwirrung von gestern vor der ganzen Seminargruppe zu besprechen.

Vor knapp einem Jahr war Petra von einem Personalvermittler angesprochen worden, ob sie nicht Interesse daran hätte, eine neue Herausforderung als Marketingleiterin bei einem international tätigen Hersteller für technische Komponenten zu übernehmen. Nachdem sie gleich nach dem Studium in eine Marketingfunktion eingestiegen war und schon einiges an Berufsjahren und Erfahrungen hatte sammeln können, war das Angebot für eine Führungsposition nicht ungelegen gekommen. Petra hatte eingewilligt, mehrere interessante Gespräche geführt und schließlich ein schriftliches Angebot erhalten. Sie musste nicht lange überlegen, konnte ein gutes Einvernehmen mit ihrem bisherigen Arbeitgeber finden und war voller Enthusiasmus hinein in ihre neue Aufgabe gestartet. Petra hatte also vor neun Monaten ihre Position als Marketingleiterin angetreten und führt seitdem ein Team von vier Personen. Ihr neues Aufgabenfeld umfasst mit der Erstellung von Produktbeschreibungen bis hin zur Organisation von Messen, Ausstellungen und Veranstaltungen ein breites Spektrum. Ihr bereiten diese Tätigkeiten viel Freude und sie hatte ein Team übernommen, das diese Aufgaben schon gut beherrscht.

Petra hatte aber auch bald bemerkt, dass in ihrer neuen Funktion als Führungskraft neben den fachlichen Aufgaben auch noch zusätzliche Herausforderungen zu bewältigen waren. Deswegen willigte sie auch sofort ein, als ihr die Personalabteilung ein Seminar für Führungskräfte angeboten hatte. Üblicherweise organisieren und finanzieren Firmen zweitägige Seminare zu Fachthemen. Hier aber sollten ihr fünf Seminarmodule zu je drei Tagen inklusive Hotelzimmer, Vollverpflegung und Arbeitszeit für Führungsthemen bezahlt werden. Sie war zwar überrascht, aber auch sehr neugierig auf die dort angebotenen Inhalte. Da war die Rede von Führungslücken, Persönlichkeitsprofilen, Teamentwicklung und noch von viel mehr Begriffen, die ihr weder während ihrer Wirtschaftsausbildung noch in den letzten fünf Praxisjahren jemals untergekommen waren. Sie war begeistert und es stellte sich bei ihr wieder einmal dieses wohlige Bauchgefühl ein, sich für den richtigen Job und die richtige Firma entschieden zu haben.

Mit dem heutigen Tag hat Petra bereits das zweite Seminarmodul mit dem Titel „Vom Ich zum Wir" absolviert. Nach der Mittagspause stehen gar keine neuen Inhalte mehr am Programm, sondern nur mehr die Möglichkeit, sich mit ihren Seminarkollegen über die Erfahrungen und Erkenntnisse der letzten Tage auszutauschen. Auf diese Einheit hatte sie sich besonders gefreut. Petra kann von den Erfahrungen ihrer Seminarkollegen, die zum Teil schon viel länger als sie selbst in Führungspositionen tätig waren, profitieren. Und so geht dieser letzte Seminartag für Petra in guter, energievoller Stimmung zu Ende. Alle Teilnehmer verabschieden sich herzlich, freuen sich schon auf das nächste Modul und versprechen sich gegenseitig, sich über den Sommer zu treffen. Petra steigt ins Auto und hat auf ihrer Heimfahrt nochmals zwei Stunden Zeit, in Ruhe nachzudenken. Sie versucht die neuen, unkonventionellen Einblicke, die sie in den letzten Tagen kennengelernt hatte, mit den Reaktionen ihrer Seminarkollegen aus der heutigen Schlussrunde abzugleichen. Auch wenn sie sich noch etwas unsicher ist, fasst sie kurz vor ihrer Heimkehr

den Beschluss, das Gelernte gleich am nächsten Tag mit ihrem Team umzusetzen. Sie will einfach wissen, ob die Praxis auch so funktioniert, wie
sie es soeben in der Theorie erlernt hat.

Gleich am nächsten Morgen hatte sich Petra also an ihren Kalender
gesetzt und wöchentlich stattfindende Termine für sich und ihr Team fi-
xiert. Sie wollte sich über den Sommer hinweg jeden Montag formlos mit
ihrem Team zusammensetzen. Ihr Team war zu Beginn wegen dieser
neuen Idee verwirrt gewesen und hatte nachgefragt, was vonseiten der
Chefin hier erwartet werden würde und was dafür vorzubereiten sei. Aber
sie hatten bald Vertrauen in diese Treffen gewonnen und der Erfolg hatte
auch nicht lange auf sich warten lassen. Nach einigen Montagsterminen
war allen klar geworden, dass dort keine Tagesthemen erledigt werden,
aber alle lernen können, woran die Kollegen arbeiten, welche Ziele Petra
verfolgt und wie man selbst die eine oder andere Idee dazu einbringen
kann. Sie hatten auch das gesamte Team genauer kennengelernt und
konnten jedes Teammitglied besser einschätzen. Das hilft heute jedem
Einzelnen dabei, sich kollegiale Ratschläge zu holen oder sich mit kritischen Themen an die Chefin zu wenden. All das war bisher nicht der Fall.
Petra ist begeistert über dieses neue und einfach umzusetzende Konzept,
das eine so große Wirkung erzielt. Für sie besteht kein Zweifel mehr, ob
es richtig war, etwas Neues zu versuchen und sie ist auch stolz darauf, sich
über Bekanntes und Vertrautes hinwegzusetzen.

Die neuen Montagstermine im Marketing sprechen sich mit der Zeit
natürlich auch im Unternehmen herum. Und nachdem die meisten nur
sehen, wie sich Petra mit ihrem Team bei Kaffee und Kuchen jeden Montag gemütlich zusammensetzt, bietet dieses Bild ausreichend Platz für
allerlei Neid und Büroklatsch. Besonders ihr unmittelbarer Kollege, der
Leiter des Produktmanagements, mit dem sie viel zusammenarbeitet,
kann mit Petras Montagsbesprechungen so gar nichts anfangen. Er hat
ein größeres Team von sechzehn Personen zu leiten und verfügt aufgrund
seiner zentralen Stellung auch über einen guten Draht zum Geschäftsführer und nutzt diesen auch, um die Vorgänge bei seiner jungen Kollegin immer wieder kritisch zu hinterfragen. Steter Tropfen höhlt den Stein
und der Geschäftsführer bittet Petra nach einigen Wochen zu einer
Aussprache unter vier Augen. Dieses Gespräch verläuft für Petra sehr un-
angenehm. Der Geschäftsführer löchert sie mit unzähligen Fragen und

konfrontiert sie mit unangenehmen Gerüchten. Obwohl sie vom Erfolg ihrer neuen Teambesprechungen begeistert ist, gelingt es ihr nicht, auch ihren Chef von dieser Maßnahme zu überzeugen. Beide einigen sich letztendlich darauf, wieder Ruhe einkehren zu lassen und diese Aktion zum Wohl des Unternehmens einzustellen.

Petra ist verwirrt und auch leicht frustriert. Ihr Unternehmen bezahlt ihr eine moderne, völlig neuartige Ausbildung als Führungskraft und sie holt sich mit der ersten, daraus umgesetzten Idee gleich eine blutige Nase. Und dabei weiß sie doch, wie sehr diese Teambesprechungen die Leistungen ihres Teams verbesserten. Auch ihr Chef hatte ihr für diese Leistungen immer wieder ein Lob ausgesprochen, den Nutzen der Teambesprechung hatte er aber offensichtlich nicht verstanden. Petra ist auch verunsichert und fragt sich, ob sie den Seminarleiter vielleicht falsch verstanden oder etwas übersehen hat. Nachdem sie diese Fragen bis zum nächsten Seminarmodul aber ohnehin nicht beantworten kann, stürzt sich einfach in die Arbeit des herannahenden Herbsts. Für das Marketing eine sehr intensive Jahreszeit mit vielen Messen, Ausstellungen, Produkteinführungen und Veranstaltungen, die es zu organisieren gilt. Ihre Aufgaben fordern sie dermaßen, dass sie sogar ihre Teilnahme an nächsten Leadership-Seminar absagen muss.

Drei Monate später an einem Freitag fallen bereits die ersten Schneeflocken vom Himmel, unüblich früh für diese Zeit. Petra genießt deren beruhigende Wirkung und sieht einen Augenblick von ihren Unterlagen hoch. Der Herbst war für sie ein voller Erfolg geworden. Ihr Team hatte auf Hochtouren gearbeitet, die Ausstellungen und Veranstaltungen waren perfekt gelaufen und die Kollegen, allen voran ihr Chef, hatten sie aufmunternd für ihre Leistung gelobt. Petra denkt kurz wieder an das Telefonat, das sie noch am Vorabend in ihrem Büro entgegengenommen hatte. Ihre Leistungen hatten sich wohl auch in ihrer Branche herumgesprochen. Ein Personalberater hatte sie gestern angerufen und sie über ein Stelleangebot bei einem anderen Unternehmen informiert: Die Aufgabenbereiche wären ähnlich, dafür das Team größer und der angedeutete Gehaltssprung wäre noch mit einem Firmenwagen versüßt. Obwohl sie sich emotional bereits entschieden hat, möchte sie eigentlich ihr Team, das in den letzten Monaten so Tolles geleistet hatte, nicht gerne zurücklassen. Auch die schlechte Nachrede und die schiefe Optik in ihrem Lebenslauf, nach so kurzer Zeit das Unternehmen wieder zu wechseln, lässt sie zweifeln. Nach allen Maßstäben der Vernunft dürfte sie dieses Angebot nicht annehmen. Aber die Enttäuschung darüber, wie ihr Chef sie im letzten Sommer wegen dieser Teamsache behandelt hat, kommt immer wieder hoch.

Am Wochenende kommt Petra plötzlich aus heiterem Himmel eine Idee. Anfangs war sie noch unsicher gewesen und hatte ihre Gedanken nicht so recht einordnen können. Jetzt aber war ihr klar, wie sie mit diesem Stellenangebot umgehen soll. Petra gibt dem Personalberater gleich am Montag Bescheid, mit der Geschäftsleitung des interessierten Unternehmens ein Gespräch führen zu wollen und bereitet sich darauf ordentlich vor. Vor allem schreibt sie alle Argumente auf, weshalb sie es für notwendig erachtet, mit ihrem zukünftigen Team einmal pro Woche eine formlose Teambesprechung abzuhalten. Sie beschließt, ihre Entscheidung zum Unternehmenswechsel auch davon abhängig zu machen, wie ihr neuer Chef auf solche neuartigen Führungsmethoden reagieren würde.

Kaum hat der Winter endgültig Einzug gehalten, nimmt Petra bereits an ihrem neuen Schreibtisch Platz. Ihr neues Team hatte sie schon freudig erwartet, da es von ihren beeindruckenden Leistungen im letzten Herbst gehört hatte. Alle waren guter Dinge, die anstehenden Aufgaben mit vereinten Kräften bestens zu bewältigen. Die montäglichen Teammeetings hat sie bereits aufgesetzt und auch schon eine erste Besprechung mit der Personalleiterin angefragt. Sie möchte ihr unbedingt von der tollen Führungskräfteausbildung erzählen, die sie kennengelernt hatte.

Knapp 20 Jahre später an einem Spätsommertag
Markus betritt nach einem freundlichen „Guten Morgen" und ein paar Hinweisen zu seinen anstehenden Terminen sein Büro. Entgegen seiner sonstigen Gewohnheit schließt er hinter sich die Tür, um noch vor seinem ersten Meeting den Ausblick zu genießen. Er hatte diesen Arbeitsplatz erst vor wenigen Wochen bezogen und sich sofort in den frühmorgendlichen Anblick der Stadt, die sich zu seinen Füßen über bebaute Hügel erstreckt, verliebt.

Als erst kürzlich bestellter Technikvorstand eines produzierenden Unternehmens im Mittelstand blickt Markus auf eine Vorzeigelaufbahn zurück, die ihn nun mit Mitte 50 an sein berufliches Ziel geführt hat.

Nach knapp 30 Jahren und mehreren Karriereschritten bei ein und demselben Unternehmen hatte er das Gefühl gehabt, dort nicht mehr weiterzukommen. Er hatte zwar noch viele Ideen gehabt, wie er das Unternehmen weiterentwickeln hätte können, aber sein ehemaliger Chef, der erst kurz zuvor zum Geschäftsführer bestellte Sohn des Firmengründers, ließ ihn – ohne es explizit auszusprechen – wissen, dass er sich auf seine fachlichen Aufgaben konzentrieren sollte.

Also hatte sich Markus in seinem mittlerweile umfangreichen Netzwerk umgehört, ob er seine langjährige Berufserfahrung nicht an anderer Stelle besser einbringen könnte. Und siehe da, kurze Zeit später hatte er von einem Technikvorstand gehört, der in Rente geht. Wenige Monate später hier angekommen, genießt er also im 16. Stockwerk die Früchte seiner Initiative und die Verantwortung über seine neuen Aufgabenbereiche, die von der Entwicklung bis zum Produkt- und Innovationsmanagement reichen. Sein Vorstandssalär, welches ihm das zügige Abzahlen seiner Hypothek ermöglicht, ist ihm ebenso willkommen, wie die sichtbaren Insignien seines neuen Jobs.

Markus benötigt aber auch nicht lange, um zu erkennen, dass an seinem neu übernommenen Bereich einige Entwicklungen der letzten Jahre scheinbar spurlos vorübergegangen waren. Die Defizite sind nicht technologischer Natur, im Gegenteil, sein neuer Arbeitgeber ist für seine technisch und qualitativ hochwertigen Produkte weithin bekannt. Es ist mehr die Art und Weise, wie in seinem Bereich Mitarbeiter geführt werden, wie sein Team miteinander umgeht. Viele jener Selbstverständlichkeiten, die er über die Jahre hinweg in seinem ehemaligen Umfeld eingeführt hatte wie Stand-ups, All-in-Meetings, regelmäßige Führungskräfteklausuren sowie bereichs- und unternehmensübergreifende Innovationsprojekte und vieles mehr sind hier nicht bekannt. Markus ist also rasch klar geworden, dass er seine neu übernommene Truppe weiterentwickeln muss. Er muss sie dazu bringen, untereinander besser zusammenzuarbeiten und auch mit anderen Firmenbereichen wie dem Vertrieb und der Produktion enger zu kooperieren. Das Wichtigste für Markus ist aber, dass sein Team lernt, Entscheidungen selbst zu treffen und dass es nicht mit jeder noch so kleinen Entscheidung zu ihm kommt.

Er spricht also seine Vorstellungen einer zukünftigen Zusammenarbeit in seinem Team offen an und erntet sogleich massive Skepsis und Widerstand. Seine Mitarbeiter wollen keine Entscheidungen treffen, da sie früher offenbar immer falsche Entscheidungen getroffen hatten. Irgendwann hatten sie einfach ganz damit aufgehört. Und auch die schon früher vom Vertrieb eingeforderte nähere Zusammenarbeit hatte ihnen nur einen schlechten Ruf eingebracht. Sie waren ständig mit neuen Kundenwünschen überhäuft worden, die mit der bestehenden Mannschaft neben dem Tagesgeschäft nicht zu bewältigen waren. Ja, und außerdem steht ja auch die Produktion regelmäßig mit neuen, fertigungstechnischen Anforderungen in der Tür. Man muss also zum Schutz der eigenen Aufgaben externe Wünsche zwangsläufig abschlägig oder zumindest aufschiebend behandeln.

Markus sorgt sich um seine Vorstellungen von einer zukünftigen Zusammenarbeit, die er hier nicht rasch umsetzen wird können. Es hatte ihn ja schon selbst so viele Jahre an Ausbildung gekostet, um sich mit Führungsthemen zu beschäftigen und sich moderne Managementmethoden anzueignen. Auslöser für seine persönliche Weiterentwicklung war vor knapp 20 Jahren eine junge Kollegin gewesen, eine neue Marketingleiterin, die in ihrem Bereich plötzlich Mitarbeiter-Jours-Fixes eingeführt hatte. Er kann sich noch sehr genau an den dadurch ausgelösten Aufruhr in seiner eigenen Produktmanagementabteilung erinnern. Seine Mitarbeiter hatten unter massivem Druck ebenso das Einführen eines abteilungsweiten Jour Fixe gefordert. Die Sinnhaftigkeit einer solchen Maßnahme war ihm aber damals noch nicht klar gewesen. Er hatte vielmehr befürchtet, dass sich seine Leute dadurch nur von ihren Aufgaben ablenken lassen würden. Die standen ja ohnehin schon ständig im Kaffeeraum herum und hatten allerlei Dinge zu besprechen, die sie nichts angingen. Also hatte er damals in der Geschäftsleitung interveniert und das „Abdrehen" dieser Maßnahme im Marketing erreicht. Schade nur, dass diese junge Kollegin das Unternehmen so bald wieder verlassen hat – ihren Job hatte sie ja sehr gut hinbekommen.

Jedenfalls hatte dieser Vorfall vor knapp 20 Jahren dazu geführt, dass Markus nicht mehr unvorbereitet auf ähnliche Situationen treffen wollte. Er hatte beschlossen, ebenfalls diese Leadership-Ausbildung zu besuchen. Und mithilfe der dort erlernten Fähigkeiten hatte er über viele Jahre hinweg ein ganz neues Führungsverständnis entwickelt und auch Zugänge zu den neuesten Erkenntnissen der Personal- und Organisationsentwicklung gefunden. Heute, als neu bestellter Chief Technology Officer (CTO), scheint ihm dieses Wissen aber wenig zu helfen. Die übernommenen Mitarbeiter sind von diesen Erkenntnissen scheinbar meilenweit entfernt, die Zeiten schnelllebiger und die Erwartungshaltungen an ihn als neuen CTO waren dringlich formuliert worden. Außerdem ist Markus jetzt auch noch mit völlig neuen Kommunikationsaufgaben mit Eigentümern und strategischen Partnern konfrontiert, die er in dieser Form bisher nicht kannte.

Obwohl Markus eine vage Vorstellung davon hat, wie er diesem Dilemma entkommen könnte, so traut er sich aufgrund der bisher beobachteten Unternehmenskultur nicht, diese auch offen anzusprechen. Zu weit scheinen ihm die noch unreifen Ansätze einer systemischen Organisationsentwicklung von den hier herrschenden Vorstellungen der Unternehmensführung entfernt zu sein. Schließlich will man sich als Neuer mit einem solchen radikalen Vorschlag nicht gleich blamieren. Also prüft er vorsichtig bei einem gemeinsamen Mittagessen mit dem Personalleiter, ob dieser vielleicht schon etwas von einer derartigen Organisationsentwicklung gehört hätte und was er eventuell davon hielte. Und tatsächlich berichtet der Personalleiter freudig und ausführlich von seiner eigenen systemischen Ausbildung, die er erst vor kurzem absolviert hat, und was man mit diesen Werkzeugen alles machen könne, das aber hier im Unternehmen noch schwer umsetzbar scheint. Allerdings hätte der Personalleiter auch schon wahrgenommen, dass der gemeinsame Chef, der CEO des Unternehmens, gegenüber der einen oder anderen Diskussion über die systemische Schule durchaus aufgeschlossen gewesen war. Vielleicht, so seine Empfehlung, sollte Markus einmal ein Gespräch mit dem CEO dazu suchen.

Das tut er natürlich auch. Er ist neugierig und möchte wissen, wie sein neuer Chef, der selbst erst vor wenigen Jahren in das Unternehmen eingetreten war, über seinen Vorschlag denkt, auf diese Art und Weise die Arbeits- und Kooperationskultur seines Teams auf neue Beine zu stellen. Wie schon zuvor beim Personalleiter, spricht Markus dieses Thema ebenfalls nur beiläufig in einem informellen Gespräch mit dem CEO an. Dabei bleibt ihm aber nicht verborgen, dass die Mundwinkel seines Chefs erst vorsichtig, dann aber immer deutlicher nach oben zeigen. Auf die Frage von Markus, wie er diese Reaktion deuten solle, offenbart ihm der CEO, dass er sehr erfreut über Markus Vorstoß sei. Weil er genau diesen von ihm schon erwartet hatte.

Damals, vor wenigen Monaten, hätte er sich als CEO nämlich sehr stark für Markus Bestellung zum CTO eingesetzt. Es wären durchaus andere, von den Eigentümern bevorzugtere Kandidaten im Rennen gewesen. Diese hätten auch deutlich mehr an Produkterfahrung aus derselben Branche mitgebracht – für den Ruf eines produzierenden Unternehmens durchaus von Vorteil. Aber ihm, als CEO, wäre damals schon bewusst gewesen, dass sie im technischen Bereich nicht ein Mehr an technischem Know-how benötigen – davon war bereits reichlich vorhanden – sondern jemanden mit den richtigen Führungsqualitäten. Eine Person, die gelernt hatte, ein Team zu entwickeln, welches auch in der Lage ist, das vorhandene Know-how dem gesamten Unternehmen sowie dessen Kunden und Partnern zur Verfügung zu stellen – um sich dadurch auch für die Zukunft den entscheidenden Wettbewerbsvorteil zu sichern.

Unsere heutige Perspektive
Wiewohl Petra und Markus hier frei erfunden sind, stehen ihre Geschichten für Erfahrungen, die wir selbst oder unsere ehemaligen Ausbildungskollegen als Führungskräfte gemacht haben und die wir in den vergangenen 20 Jahren auch in unserer Beratertätigkeit beobachten konnten. Sie stehen exemplarisch für viele ähnlich gelagerte Lebensläufe, für Erfolge und Niederlagen, für Aha-Erlebnisse und das Scheitern mit neuen Führungsmethoden an starren Strukturen und Haltungen. Und vielleicht erkennen sich ja auch einige unserer Leser in diesen beiden Protagonisten wieder.

Aber was haben Petra und Markus jetzt überhaupt mit gesellschaftlicher und wirtschaftlicher Transformation zu tun? Die beiden Fallbeispiele zeigen auf, wie sich Management- und Führungskonzepte in den letzten 20 bis 30 Jahren verändert haben. Systemische Zugänge in der Organisationsentwicklung, stakeholderorientierte Unternehmensstrategien und moderne Leadership-Tools haben begonnen, sich langsam durchzusetzen. Und auch wenn wir eine zunehmende Akzeptanz dieser modernen Instrumente der Unternehmensführung beobachten oder von Managern in Einzelgesprächen von deren progressiven Ansichten überrascht werden, so finden wir diese Konzepte in der unternehmerischen Praxis noch nicht ausreichend umgesetzt. Dabei verstehen wir die letzten 20 Jahre nur als Vorspiel einer sich nähernden, disruptiven Strukturveränderung. Manager und Berater konnten bislang mit diesen neuen Konzepten und Methoden „im geschützten Raum" etwas herumspielen und Erfahrung sammeln, bevor es nun so richtig ernst wird.

Wir sind davon überzeugt, dass unser Gesellschafts- und Wirtschaftssystem gerade vom Industriezeitalter über das Informations- in ein Wissenszeitalter übergeht, dass sich die Rahmenbedingungen dabei dramatischer als in den letzten 100 Jahren verändern werden und dass wir diesen Übergang unmöglich allein mit traditionellen Instrumenten der Unternehmensführung bewältigen werden können. Manche davon werden sogar hinderlich sein, wie wir in diesem Buch aufzeigen werden. Und wir können nicht zurück. Dieser Entwicklungssprung drängt sich immer sichtbarer auf. Alte Normalitäten, Werkzeuge und Verhaltensweisen erzielen nicht mehr die gewohnten Effekte. Wir stehen am Rande einer neuen Ära, einer nächsten Welle, wenn man so möchte.

Mit diesem Buch wollen wir Entscheidungsträger, Meinungsbildner und Interessierte erreichen, die so wie wir die ersten Anzeichen dieses Systemwandels bereits wahrnehmen können, denen aber bislang das richtige Vokabular abgegangen ist, um diese Strömungen zu beschreiben oder denen die Fakten gefehlt haben, um ihre intuitive Wahrnehmung damit argumentativ zu untermauern. Wir wollen aber vor allem diejenigen unterstützen, die nicht nur darauf warten, dass ihnen dieser Wandel irgendwann einfach passiert, sondern diese nächste Welle, so wie wir, nutzen und proaktiv mitgestalten wollen.

2

Puzzlesteine einer Systemkrise

2.1 Das Bauchgefühl – Eine unterschätzte Gabe

Es gibt da eine nette Geschichte über Frösche. In diesem Gleichnis wirft ein alter Mann einen Frosch, den er vor seiner Hütte gefunden hatte, in einen Topf mit kochendem Wasser. Der Frosch springt, wie man es von einem Tier mit einem normal ausgeprägten Fluchtreflex erwarten würde, natürlich sofort aus dem Topf und macht sich aus dem Staub. Nächster Tag, neuer Frosch. Diesmal ist das Wasser noch nicht aufgestellt und so findet sich das nächste Tier in einem Topf mit lauwarmem Wasser wieder. Der alte Mann macht Feuer und stellt erstaunt fest, dass dieser Frosch einfach sitzen bleibt, während das Wasser langsam aber stetig wärmer und wärmer wird. Selbst als das Wasser zu kochen beginnt, unternimmt der Frosch keinen Versuch, sich aus der misslichen Lage zu retten und der alte Mann freut sich letztendlich über eine köstliche Froschsuppe.

Wir wollen hier jetzt nicht von unerlaubten Tierversuchen an Amphibien berichten, und rein naturwissenschaftlich betrachtet ist die unter dem Namen „Boiling Frog Syndrome" bekannt gewordene und in Beraterkreisen unglaublich beliebte Story natürlich völliger Humbug. Wir wollen vielmehr eine Parabel bemühen, die wir dem irischen Wirtschafts- und Sozialphilosophen Charles Handy verdanken. Handy, Bestsellerautor unzähliger Managementbücher und weltweit anerkannter Experte für Organisationsstrukturen, publizierte dieses Gleichnis bereits im Jahr 1989 in seinem Buch „The Age of Unreason" (Handy 1989).

Was ist die Moral von der Geschicht'? Werden wir schockartig mit bedrohlichen Umständen konfrontiert, dann sind wir in der Lage, die Gefahr zu erkennen, sie richtig einzuschätzen, um dann adäquat auf derartige Situationen zu reagieren. Passieren Veränderungen jedoch graduell und über längere Zeiträume hinweg, dann tritt so etwas wie ein Gewöhnungseffekt ein. Wir können nicht erkennen, dass das, was um uns herum passiert überhaupt nicht mehr normal, sondern vielmehr überaus kritisch und existenzbedrohend ist. Wir sind nicht mehr in der Lage, unser Umfeld korrekt zu bewerten, weil sich eine gewisse Form der Desensibilisierung eingestellt hat. Unsere gesunden Reflexe wurden ausgeschaltet und am Ende des Tages bekommen wir dafür die Rechnung serviert. Wir sind zu Froschsuppe geworden.

Nachdem wir hier aber keine Kochanleitung für französische Gourmetgerichte, sondern doch lieber ein Buch über Wirtschaft, Gesellschaft und die sich darin bewegenden Organisationen schreiben wollen, sind wir natürlich bislang noch schuldig geblieben, welche Relevanz diese Anekdote für unsere weiteren Gedankengänge hat. Wir haben in unserem beruflichen, aber auch privaten Umfeld schon längere Zeit bemerkt, dass uns bei bestimmten, von einer großen Mehrheit der Bevölkerung als völlig normal bewerteten sozioökonomischen Strukturen, Rahmenbedingungen, Konventionen, Mustern, Glaubenssätzen, Normen und Werten ein gewisses Unbehagen überkommt. Viele Dinge werden unwidersprochen hingenommen, weil sie „einfach so sind" oder aber schleichend so geworden sind. Doch es gibt auch diejenigen, die – wie wir – finden, dass da doch irgendetwas faul ist. Das fühlt sich manchmal an wie eine chronische Magenverstimmung. Unser Bauch sagt uns ganz unverblümt, dass das Wasser, in dem wir alle sitzen, bereits ungemütliche Temperaturen angenommen hat und dass es an der Zeit wäre, schleunigst den Kochtopf zu verlassen. Und wenn wir als Berater in unserem Job über die Jahre irgendetwas gelernt haben, dann ist es, dass wir unserer Intuition vertrauen können und dass auf unser Bauchgefühl immer Verlass ist.

Weil wir hier aber schlecht ohne eine passende Begründung nur über unsere Gefühle schreiben können, haben wir uns auf die Suche nach stichhaltigen und praktischen Beweisen gemacht, um unsere Intuition auch mit Fakten zu untermauern. Wir haben aus unseren unzähligen Begegnungen mit Menschen, Organisationen und Institutionen verschiedene Puzzleteile zusammengetragen, die zusammengesetzt ein recht gutes Bild davon ergeben, dass unser Wirtschafts- und Gesellschaftssystem bereits mittendrin ist in einer dramatischen und grundlegenden Veränderungswelle. Und diese Veränderungswelle wird von vielen entweder noch gar nicht bemerkt oder bislang erfolgreich ausgeblendet. Wasser. Frosch. Froschsuppe.

2.2   Es ist etwas im Busch

Wir sind mit unseren Beobachtungen und unserem Bauchgefühl auch nicht allein. Wir haben sowohl auf privater als auch auf beruflicher Ebene mit Menschen aus vielen verschiedenen Bereichen zu tun, von internationalen Wirtschaftsbossen bis zu Pflegepersonal, von Lehrern bis zu Gastronomen, von Psychotherapeuten bis zu Unternehmern, von Universitätsprofessoren bis zu Handwerkern – um nur einige Beispiele dafür zu nennen, wie breit gefächert das Spektrum unserer Gesprächspartner ist. Überall, in jedem Berufsfeld, jeder Bildungsschicht, jeder Kultur und in jeder Altersgruppe finden sich diejenigen, die sich aus ihrem ganz speziellen Blickwinkel tagtäglich über bestimmte Stolpersteine in ihrem persönlichen Lebens- und Arbeitssystems ärgern, wundern oder dagegen ankämpfen, die den Kopf darüber schütteln und sie akzeptieren, teilweise aber sogar daran verzweifeln oder resignieren. Einfach Menschen wie du und ich.

Viele haben das Gefühl, dass da etwas im Busch ist. Wir liefern hier zur Einführung einmal eine erste kleine Aufzählung beliebter täglicher Hindernisse und Sorgen, ohne jeglichen Anspruch auf Vollständigkeit: überbordende Bürokratie, Frustration über sinnentleerte Aufgaben, gesellschaftliche Strömungen, die Einsamkeit, Depressionen und Isolation fördern, der ständige Druck, etwas tun zu müssen, etwas leisten zu müssen, zwischen unendlich vielen Optionen auswählen zu müssen und letztendlich das Gefühl, in einem Hamsterrad gefangen zu sein. Und dabei haben wir noch gar nicht begonnen, über die vielen verschiedenen Angstzustände zu sprechen, die unser sozioökonomisches System zu bieten hat: die Angst vor dem Job-, Prestige- oder Statusverlust, die Angst vor Fehleinschätzungen, Krisen oder Pleiten, die Angst vor Unvorhersehbarkeiten oder Kontrollverlust und zu guter Letzt die Angst vor Veränderungen.

Objektiv betrachtet sind diese Beobachtungen gar nicht mehr wirklich neu. Liest man in kritischen Print- und Onlinemedien, aber auch Sachbüchern nach, verfolgt man Social-Media-Trends, Keynotes von Zukunftsforschern auf diversen Wirtschaftskongressen oder philosophische Diskussionsrunden im Fernsehen, kommt man zum Schluss, dass wir uns hier schon jahrelang im Kreis drehen und bisher einfach keinen Ausgang gefunden haben. Einzeln für sich genommen wirken diese Symptome der bevorstehenden Transformation weder besonders aufsehenerregend, noch scheinen sie unseren Ansatz von der nächsten großen Welle zu untermauern. Im Gegenteil, sie sind schon so zu einem Teil unseres täglichen Lebens geworden, dass sie uns völlig normal vorkommen. Nervend, aber normal – womit wir wieder bei unserer Story mit dem Frosch wären. Aber wie schon gesagt, wir tragen hier Puzzlesteine zusammen, sowohl aus dem Bereich der Organisationen als auch aus einem gesellschaftlichen Kontext. Das systemische Bild, das dabei entsteht, erlaubt uns den Versuch – um eine Analogie aus der Medizin zu bemühen – aus der Summe der Einzelsymptome nicht nur eine Diagnose zu stellen, sondern auch gleich passende Therapievorschläge aufzuzeigen. Und damit stürzen wir uns kopfüber ins Vergnügen. Willkommen auf einer Reise durch unseren Berateralltag.

2.3   Symptome in Organisationen

2.3.1   Alles unter Kontrolle?

Wir sind daran gewöhnt, unsere Lebensumstände unter Kontrolle zu haben, oder zumindest möchten wir das glauben. In der Wirtschaft wird das sogar erwartet. Das Gefühl, Kontrolle über äußere und innerbetriebliche Rahmenbedingungen zu haben, gibt einen Eindruck von Sicherheit. Unter allen Umständen den Anschein zu wahren, nicht nur jede Situation „im Griff" zu haben, sondern auf jede Frage und Herausforderung auch sofort eine passende Antwort zu wissen, gilt als Grundqualifikation für das erfolgreiche Erklettern der Karriereleiter. In der Praxis mündet diese Haltung, die uns durch das Durchlaufen unseres Bildungssystems und die Sozialisierung in Bezug auf gesellschaftlich opportune Verhaltensnormen antrainiert wurde, meist in einem kurzschlussartigen „Problem-Lösungs-Reflex". Dieser treibt Manager sowie Fachkräfte dazu, jede Aufgabenstellung oder Herausforderung unmittelbar einer Klärung zuführen zu müssen, ohne jedoch weiter über die eigentliche Problematik und ihre meist systemischen Ursachen zu reflektieren – ähnlich wie die Begegnung mit einem Löwen bei unseren Vorfahren einen stammhirngetrieben und instinktiven Fluchtreflex ausgelöst hat. Das mag ja früher durchaus ein überlebenswichtiger und evolutionärer Vorteil gewesen sein, heute sind derartige Reaktionsmuster jedoch fatal. Schon Peter Drucker, weltweit anerkannter Managementguru alter Schule, hat in seinem bereits 1954 erschienenen Hauptwerk über „Die Praxis des Managements" treffend bemerkt: „Bevor man sich mit einer Lösung beschäftigt, muss man erst den Charakter des Problems verstehen" (Drucker 1954).

In unseren Kundenprojekten versuchen wir dieses Verständnis umzusetzen. Es benötigt aber immer jede Menge Zeit und massive Interventionen unsererseits, um zu verhindern, dass eine Gruppe von Managern jede Aufgabenstellung sofort mit einer Lösung abhakt und blitzartig zum nächsten Tagesordnungspunkt übergeht. Job erledigt, Erwartungshaltung erfüllt! Da tun wir uns als Berater teilweise echt schwer, dieses eingeübte und durch Belohnungsmechanismen auch noch verstärkte Muster zu durchbrechen. Tatsächlich erhalten wir häufig schon nach einer Stunde Projektarbeit die ersten Nachfragen, ob wir da jetzt nicht zu langsam unterwegs sind: „Wir hätten uns erwartet, schneller voranzukommen."

Nimmt man sich jedoch die Zeit und spricht mit Managern abseits ihres Tagesgeschäfts, dann bekommt man häufig ein ganz anderes Feedback. Auch erfolgsverwöhnte Entscheidungsträger spüren insgeheim, dass sie bei Weitem nicht mehr alles im Griff und unter Kontrolle haben. Sie nehmen wahr, dass Veränderungen und Problemstellungen zunehmend komplexer und die Abstände zwischen unerwarteten und noch nie da gewesenen Herausforderungen immer kürzer werden. Sie haben es zunehmend mit sogenannten „Wicked Problems" zu tun, also mit verzwickten Problemen, die keine einfachen Antworten mehr zulassen. Eine Beraterkollegin hat die heutige Kunst der Unternehmensführung als „Lenken im Driften" beschrieben – wie ein Rennfahrer, der nie festen Grip unter den Rädern hat, aber sein Fahrzeug trotzdem auf der Straße halten muss.

Manager und Fachkräfte, ja sogar ganze Organisationen brennen unter dem unerfüllbaren Anspruch nach ständiger Kontrolle aus. Treffen Vorhersagen nicht ein oder gehen gut geplante Projekte oder Unternehmensstrategien aufgrund äußerer Umstände schief, muss entweder „höhere Gewalt" als Erklärung herhalten oder ein Schuldiger gefunden werden, der für das Versagen die Verantwortung trägt und seinen Kopf hinhalten muss – und das alles nur, um den Schein zu wahren und ein dysfunktionales System von vermeintlicher Kontrolle aufrecht zu erhalten. Denn die Suche und der Austausch von mutmaßlich Schuldigen kostet enorm viel Zeit, Energie und Geld und bremst die unternehmerische Entwicklung noch zusätzlich. Damit wird die „dynamische Unternehmensentwicklung" zu einem hohlen Schlagwort und zu einem blassen und aufgesetzten Unternehmensbild, das nur noch für die Öffentlichkeit in diversen Geschäfts- und Projektberichten aufrechterhalten wird. Mit modernen Buzzwords wie „Scrum", „Agile" und „VUCA" versuchen Unternehmen, ihre Flexibilität und Anpassungsfähigkeit zu demonstrieren und ihr Image nach außen aufzupolieren. In den internen Abläufen und Entscheidungen finden sich solche Haltungen jedoch selten wieder, zumindest tun wir uns in unseren Projekten schwer, sie zu finden. Hier herrschen in der Regel noch immer die Gesetze der „langjährigen Erfahrung" und der „Risikominimierung".

2.3.2 Explodierende Kommunikationskosten

Bevor wir uns jetzt näher mit überproportional wachsenden Kommunikationskosten beschäftigen, sollten wir vorweg erst mal den Begriff definieren und erklären, was wir darunter verstehen. Wir wenden ihn für sämtliche Aufwände innerhalb eines Unternehmens an, die der Verarbeitung von Informationen dienen. Das ist eine völlig neue Sichtweise oder

Interpretation, die vor allem durch den zunehmenden Einfluss des „Wissens" auf die Wettbewerbsfähigkeit von Unternehmen an Bedeutung gewinnt. Dabei stellt sich die Schlüsselfrage: Sind wir in der Lage, Wissen und Informationen in Organisationen dort bereitzustellen, wo diese gerade benötigt werden? Und was kostet uns das? Wir definieren Kommunikationskosten also als jene Kosten, die durch die korrekte und authentische Weitergabe von unterschiedlichen Informationspaketen innerhalb einer Organisation entstehen. In der täglichen Praxis zählen dazu beispielsweise Kundeninformationen, Produkt- und Projektinformationen oder Managementinformationen.

Aktuell benötigen wir für den Austausch und den Fluss derartiger Informationspakete zahllose Kommunikationswege wie Telefonate, Videokonferenzen oder E-Mails, aber auch persönliche Meetings, an denen in der Regel auch immer mehrere Menschen beteiligt sind. Dazu zählen Fachmitarbeiter, Projektleiter, Spezialisten, Manager und noch viele mehr. Manche Arbeitstage bestehen nur noch aus aufeinanderfolgenden Besprechungen, die ausschließlich der Weitergabe betrieblicher Informationen dienen, und es muss täglich eine Unzahl an E-Mails gelesen und verarbeitet werden, nur um auf dem „neuesten Stand" zu bleiben. Digitale Einrichtungen und Hilfsmittel wie Intranet, Wissensdatenbanken und Newsletter haben bei der Organisation und Strukturierung der Wissensweitergabe etwas unterstützt – die Anzahl an Abstimmungs- und Update-Meetings sowie die Menge an E-Mails ist dennoch unvermindert stark gestiegen. Kein einziger Manager kann heute verlässlich beziffern, wie viele Stunden seine Mitarbeiter pro Monat in solchen Meetings oder mit dem Lesen solcher E-Mails verbringen. Bei vielen besteht außerdem das Gefühl, ausschließlich mit der Weitergabe von Informationen und des bestehenden Wissens beschäftigt zu sein, ohne dabei selbst neues Wissen zu entwickeln oder an der eigentlichen Wertschöpfung des Unternehmens unmittelbar beteiligt zu sein. Ja, manche verstehen diese Wissenstransaktion bereits als die eigentliche Wertschöpfung ihrer Tätigkeit.

Die dadurch entstehenden Kommunikationskosten steigen stetig an, im Gegensatz zu den Produktionskosten, die durch laufende Optimierungen immer weiter sinken. Das bedeutet, dass die heutigen Produkt- und Dienstleistungspreise einen immer höheren Anteil an

Kommunikationskosten abdecken müssen – den sogenannten Gemein-
kostenanteil oder kurz: den Overhead. Verstärkt wird dieser Effekt durch die zunehmend notwendige Zusammenarbeit mit anderen Unternehmen und externen Fachspezialisten,
um eine „schlüsselfertige Lösung" anbieten oder die Wettbewerbsfähigkeit der eigenen Dienstleistung sicherstellen zu können. Dazu müssen
Informationen und Wissen über die Grenzen der eigenen Organisation
hinweg ausgetauscht werden. Diese „Kooperationskosten" sind im Vergleich zu den internen Kommunikationskosten aber deutlich höher, weil
hier in der Regel unterschiedliche Unternehmens- und Informations-
kulturen aufeinandertreffen, die auch unterschiedliche „Sprachen" sprechen. Dabei sind Missverständnisse und Irritationen an der Tagesordnung.

2.3.3 Frustration durch Dissonanzen

Dieses Puzzleteil braucht vielleicht eine kurze einleitende Erklärung. Wir
haben bereits beschrieben, dass die Suche nach einem Schuldigen oder
nach Erklärungsmechanismen für äußere Umstände und Rahmenbedingungen, die sich der Kontrolle entziehen, Menschen und Organisationsstrukturen an den Rand ihrer Leistungsfähigkeit bringen kann. Die Dissonanz, die zwischen dem Wollen und dem Können bei der Ausübung
von Kontrolle liegt, kann auch die Stärksten überfordern. Es gibt aber
noch andere Bereiche, in denen Wollen und Können von Menschen in
ihrem Aufgabenbereich nicht unter einen Hut zu bringen sind. Disso-
nanzen, also Unstimmigkeiten oder Unvereinbarkeiten, die über längere
Zeiträume anhalten, bewirken bei den Betroffenen unangenehme Ge-
fühlszustände – so sagt es die Psychologie, aus deren Fachjargon dieser
Begriff stammt. Können derartige Widersprüche nicht aufgelöst werden,
dann können sie im beruflichen Umfeld zu innerer Zerrissenheit, Frustration und zu unterdrückten Aggressionen führen. Diese Form der „inneren Kündigung" stellt einen starken psychischen Belastungsfaktor dar.
Wir haben in Organisationen drei wesentliche Ausprägungen von Dis-
sonanzen ausgemacht und auch nachgewiesen, dass der Frust aus derartigen Unvereinbarkeiten bei bestimmten Menschen zu einem Ausbrennen
oder sogar zu depressiven Verstimmungen führen kann (Kossik 2018).

Die erste der drei Widersprüchlichkeiten wird als Sinndissonanz bezeichnet. Sie liegt dann vor, wenn Menschen versuchen, in ihrer Tätigkeit einen Sinn zu finden, dieser Sinn aber aufgrund unpassender Rahmenbedingungen und fehlender Möglichkeiten nicht gefunden werden kann. Was wären solche „unpassenden Rahmenbedingungen"? Wir wollen hier nur die prominentesten Vertreter exemplarisch aufzählen: pathologische Unternehmenskulturen, die auf Zwang und überbordender Kontrolle basieren, hierarchische Machtstrukturen, in denen wettbewerbsorientiertes Verhalten belohnt und Kooperation abgestraft wird, aber auch respektlose und übergriffige Vorgesetzte. In Bezug auf das Arbeitsumfeld beschreibt Sinndissonanz also nicht das Leiden an einer sinnlosen, sondern das Leiden an einer verhinderten sinnvollen Aufgabe.

In Anlehnung an den Begriff der Sinndissonanz werden die zwei weiteren Widersprüche als „ethische Dissonanz" und als „Wertedissonanz" bezeichnet. In beiden Fällen finden Mitarbeiter eine Unvereinbarkeit zwischen dem nach außen getragenen oder kommunizierten Bild einer Organisation oder der Darstellung unternehmerischer Ziele bzw. Haltungen und der tagtäglich gelebten Unternehmenskultur vor.

Im Bereich unternehmerischer Ethik finden sich derartige Unstimmigkeiten beispielsweise in Fällen von Green- and Bluewashing oder im Bereich der Corporate Social Responsibility (CSR). Als „Greenwashing" werden Aktivitäten von Organisationen (von Unternehmen, aber auch von Regierungen und politischen Parteien) bezeichnet, die ohne eine echte Absicht zur Verbesserung von Klima oder Umwelt ausschließlich für den Imagegewinn oder zu PR-Zwecken durchgeführt werden. Dabei hängen sich Unternehmen ein „grünes Mäntelchen" um und versuchen ihre Maßnahmen durch die Veröffentlichung von Kennzahlen zweifelhaften Ursprungs oder geringer Aussagekraft bzw. durch Öko-Zertifikate von nicht anerkannten und teilweise dubiosen Institutionen zu rechtfertigen. Ähnliches gilt für das sogenannte „Bluewashing" im sozialen Bereich. Dabei bezieht sich die blaue Farbe auf die Symbolfarbe der Vereinten Nationen. Unternehmen schmücken sich mit der UN-Flagge, um darzustellen, dass sie die Werte der UN vertreten und sich für Menschenrechte und Armutsbekämpfung engagieren und geben vor, sich den Prinzipien des Global Compact (eine Initiative der UN für nachhaltiges Wirtschaften) entsprechend zu verhalten (UNGC 2018). Sie führen

CSR-Maßnahmen durch, um sich bei Kunden, Regierungen und anderen Stakeholdern ein positives Image zu verschaffen und agieren dabei gegen die allgemeinen Wertevorstellungen. Klaffen die nach außen kommunizierten und die tatsächlich in der Unternehmenspraxis umgesetzten ethischen Zielsetzungen auseinander, dann werden bei Menschen zuerst Erwartungshaltungen geschürt, die später enttäuscht werden.

Ähnliches passiert im Bereich der Unternehmenswerte, wenn sich angekündigte, womöglich noch in einem langen partizipativen Projekt gemeinsam erarbeitete oder öffentlich gemachte Leitlinien dann nicht in den Prozessen, der Arbeitsplatzgestaltung sowie der Kommunikations- oder Führungskultur widerspiegeln. Besonders muss dabei der gängige und in vielen Mission Statements internationaler Konzerne inflationär gebrauchte Stehsatz „Unsere Mitarbeiter sind unsere wichtigste Ressource" herausgestrichen werden, der bei vielen Betroffenen nur noch berechtigtes Unbehagen auslöst. Denn er suggeriert eine bestimmte Wertehaltung, die dann im Umgang mit Menschen im Arbeitsumfeld in der täglichen Praxis erfahrungsgemäß nur sehr selten zum Ausdruck kommt. Dass Mitarbeiter, denen weisgemacht wird, sie selbst und ihre Tätigkeit für die Organisation wären wertvoll und von Bedeutung, es nicht gerade motivierend finden, wenn man ihnen immer und immer wieder das Gegenteil beweist, sagt einem der gesunde Menschenverstand.

Es geht also in diesen beiden Fällen einerseits um eine Diskrepanz zwischen der von Unternehmensseite geschürten Erwartung und der Realität bzw. andererseits zwischen einer theoretischen Darstellung nach außen und der praktischen Umsetzung nach innen. Letztendlich geht es aber immer um nicht eingehaltene Zusicherungen und gebrochenes Vertrauen. Derartige Unvereinbarkeiten finden sich allerdings nicht nur auf organisationaler, sondern auch auf institutioneller Ebene. Sie führen dann gleichermaßen zu kollektiven Enttäuschungen, Frustrationen und zu Demotivation. Ein praktisches Beispiel dafür wäre die Politikverdrossenheit der Bevölkerung.

2.3.4 „Bürokratischer Bullshit" nimmt überhand

Eine langjährige gute Freundin ist mit Herz und Seele Krankenschwester, und das seit mehr als 30 Jahren. Sie hat auf Intensivstationen mit psychiatrischen Patienten gearbeitet und war auch in der Pflegeleitung eines Altersheims tätig. Irgendwann war diese Arbeit zu viel. Sie hat ausgelaugt, sie war nicht mehr befriedigend genug. Unsere Freundin hat ihre schulmedizinische Karriere an den Nagel gehängt. Sie hat sich stattdessen – mitten in einer nach vielen objektiven Kriterien erfolgreichen Berufslaufbahn – selbstständig gemacht und arbeitet jetzt für ein viel geringeres Einkommen mit verschiedenen komplementärmedizinischen Methoden.

Die Komplementärmedizin, bei der es darum geht, für jeden Patienten ein individualisiertes Behandlungskonzept zu finden, war für sie der nächste logische Schritt auf dem Weg ihrer eigentlichen Berufung. Denn als Krankenschwester war ihr ursprüngliches Ziel, Menschen zu helfen und sie in ihrem Heilungsprozess bestmöglich zu unterstützen. Fragt man sie, warum sie ihren letzten Krankenhausjob aufgegeben hat, dann hört man von ihr immer wieder die gleiche Begründung: „Als der administrative Aufwand für Standardisierung, Qualitätssicherung und Verwaltungsaufgaben so groß wurde, dass ich mehr Zeit mit dem Ausfüllen von irgendwelchen sinnlosen Formularen verbracht habe, als am Bett meiner Patienten, das war der Moment, wo es mir gereicht hat." Und weil diese Frau, die jahrelang Menschen in ihrem Genesungs-, aber auch ihrem Sterbeprozess begleitet hat, sehr bodenständig ist, nimmt sie sich auch kein Blatt vor den Mund, um ihre Frustration mit einem überregulierten Gesundheitssystem zum Ausdruck zu bringen: „Ich liebe meinen Beruf. Aber was ist das für ein verrücktes System, bei dem es irgendwann wichtiger geworden ist, diesen ganzen bürokratischen Bullshit abzuarbeiten, als meinen eigentlichen Job zu machen?"

Das medizinische Personal in Krankenhäusern ist jedoch nicht die einzige Berufsgruppe, die daran verzweifelt, dass „blöder Papierkram" einen immer größeren Anteil ihrer Arbeitszeit ausmacht. Auch die Lehrer in unserem Umfeld leiden. Betroffen sind vor allem Lehrer in Schulen der Grund- und Sekundarstufe, die für administratives Personal zu wenig Geld haben. Da werden Formulare, die immer wieder einmal ihr Format und ihre Gültigkeit ändern, gedruckt, ausgeteilt, eingesammelt und geordnet, Bestätigungen ausgestellt, die Daten der Schüler verwaltet und Stundenpläne, Exkursionen oder Veranstaltungen im Schulverwaltungsprogramm eingetragen. Schuldirektoren kümmern sich obendrein noch um die Abstimmung mit den Elternvertretungen oder das Management der Liegenschaften. Alles in allem nimmt der Verwaltungsaufwand überhand und hält die Lehrer von ihren pädagogischen Aufgaben ab, für die sie Jahre der Ausbildung investiert haben und die ihre eigentliche Kompetenz darstellen. Kindern neues Wissen zu vermitteln und sie dabei zu fördern, ihre Stärken zu entdecken und wichtige Fertigkeiten für ihr späteres Leben zu entwickeln – das war ihre Motivation, diesen Beruf zu ergreifen.

Auch in Unternehmen finden sich hervorragende Beispiele dafür, dass in unserem System ein immer größerer Aufwand in die Verwaltung und Kontrolle der von ihm selbst entwickelten Standards und Regeln gesteckt wird. In Organisationen mit einem großen Mitarbeiterstab im Außendienst nimmt die Besuchsverwaltung in den letzten Jahren überhand. Elektronische Hilfsmittel, die ursprünglich dazu gedacht waren, diesen Aufwand zu erleichtern, sind mittlerweile selbst zu Zeitfressern geworden. Viel zu viele Kapazitäten werden in das Eintragen von immer umfangreicheren und komplexeren Berichten in immer aufwendigere Computerprogramme gesteckt. Minutiöse Aufzeichnungen über jede pro Arbeitstag verbrachte Sekunde treiben selbst gestandene Salesteams zur Verzweiflung. Immer unnützeres Zusatzwissen wird gesammelt und statistisch ausgewertet. Das Zusammentragen, Ausarbeiten und geschliffene Präsentieren von Informationen nach innen kostet die Mitarbeiter mittlerweile so viel Zeit, dass ihre wichtigste Arbeit nach außen, der persönliche Kundenkontakt, darunter leidet.

Sogar das Top-Management hat mehr mit Verwaltung zu tun als ihm wahrscheinlich lieb ist. Mehr als 50 Prozent ihrer Arbeitszeit wenden Manager für administrative Steuerungs- und Kontrollaufgaben auf, das hat eine Studie ergeben, die Ende 2016 vom amerikanischen Think Tank Accenture Institute for High Performance veröffentlicht wurde (Kolbjørnsrud et al. 2016). Das schaut auf den ersten Blick ja gar nicht mal so besorgniserregend aus, ist es aber. Denn auf der anderen Seite bleiben für die Anteile am Managementjob, die dafür da sind, um die Wettbewerbsfähigkeit des Unternehmens langfristig abzusichern, die Anteile, für die Entscheidungsträger an und für sich ihre guten Gehälter beziehen, viel zu wenig zeitliche Ressourcen übrig. Zehn lausige Prozent gehen in die Strategieentwicklung und das Innovationsmanagement und gerade einmal sieben Prozent bleiben dann noch für Leadership-Aufgaben wie Mitarbeiterentwicklung und die Interaktion mit Stakeholdern des Unternehmens übrig. Das ist armselig und zeigt mehr als deutlich, dass in unserem System bei der Prioritätensetzung gröberes schiefgegangen ist.

2.4   Krankheitssymptome des Systems

2.4.1   Aussteigen, Ausbrennen, Aufgeben

Wirft man einen Blick auf die Statistiken der europäischen Gesundheitsbehörden, dann fällt einem schnell auf, dass die Zahl der Menschen mit Burn-out und Depressionen in den vergangenen Jahrzehnten dramatisch gestiegen ist. Die sogenannten psychischen Belastungsstörungen werden immer mehr. Das liegt zum einen daran, dass unsere Gesellschaft offener mit derartigen Krankheitsbildern umgeht und Menschen, die psychische Probleme haben, nicht mehr so ausgegrenzt und stigmatisiert werden, wie das früher der Fall war. Das gesellschaftliche Bewusstsein und die Akzeptanz haben sich hier deutlich verändert. Daher wird über derartige Erkrankungen nicht nur offener kommuniziert, sie werden auch häufiger erkannt, diagnostiziert und behandelt. Aber das ist nur die eine Seite der Medaille, die ein Erklärungsmodell für steigende Fallzahlen bietet. Die andere Seite ist, dass tatsächlich immer mehr Menschen mit den Belastungen durch unsere Arbeitswelt nicht mehr umgehen können und von ihr überfordert sind. Und es kann jeden treffen, vom Schichtarbeiter zum Top-Manager, von Menschen in helfenden Berufen hin zu Menschen in eintönigen Bürojobs. Abgesehen davon, dass Menschen aufgrund ihrer psychischen Grundkonstitution individuell völlig verschieden auf ein psychisch belastendes Umfeld reagieren, gibt es trotzdem allgemeingültige gesellschaftliche Faktoren, die individuelle Belastungssituationen auch noch verstärken. Dazu zählt einerseits ein aus unserer kollektiven gesellschaftlichen Entwicklungsgeschichte heraus entstandenes „fetischartiges" Bild von Arbeit, das direkt mit dem vorhandenen Leistungs- und Selbstoptimierungsdruck in Zusammenhang gebracht werden kann. Andererseits hat die Entwicklung digitaler Technologien zu einer Entgrenzung von Beruf und Freizeit geführt, die aus uns, dank ständiger Erreichbarkeit und einer Abhängigkeit von Kommunikationsmedien, eine „schlaflose" Gesellschaft ohne ausreichende Regenerationsmöglichkeiten gemacht hat.

Unsere Gesellschaft und ihr Arbeitsfetisch

Wir sind absolut nicht allein in unserer Einschätzung, dass in unserer leistungsgetriebenen Gesellschaft das Thema Arbeit bzw. Erwerbstätigkeit ein sehr komplexes ist. Das fängt schon damit an, dass allein der Begriff „Arbeit" viele verschiedene Bedeutungen, Interpretationen und Betrachtungsweisen zulässt und dass zu seiner Definition bereits viele philosophische und wissenschaftliche Diskussionen angestoßen wurden. In unserem kapitalistisch orientierten sozioökonomischen System wundert es wohl nicht, dass der Begriff der Arbeit mehrheitlich auf seine ausschließliche Interpretation als formelle Erwerbstätigkeit reduziert wird. Unsere westliche Gesellschaft entlohnt Erwerbsarbeit, macht sie öffentlich und versieht sie mit einem hohen Maß an sozialer Anerkennung. Erwerbsarbeit dominiert unsere Vorstellung und unser Bild davon, was „echte" Arbeit bedeutet, und diese Haltung prägt unsere gesamte Sozialstruktur (Jürgens 2010). Dass es auch andere Formen der Arbeit gibt, die jedoch unbezahlt, häufig sogar unsichtbar bleiben und wir das alle als völlig normal und gegeben hinnehmen, sollte uns dazu anregen, unsere Sozialisierung einmal prinzipiell zu hinterfragen. Nur damit das auch einmal gesagt wurde.

Viele unserer heutigen Arbeitsinterpretationen stammen aus der christlich geprägten Glaubenstradition und sind daher in einem historischen und kulturellen Zusammenhang zu betrachten. Diese Einstellung lässt sich unter dem bekannten Satz des Apostels Paulus zusammenfassen, den sicher jeder von uns schon einmal gehört hat: „Wer nicht arbeiten will, soll auch nicht essen." Verschärft wurde dieser Zugang zu Arbeit durch die Reformation und ihre protestantische Ethik. Die Arbeit wurde zur moralischen Pflicht. Diesem Zusammenhang widmete sich bereits zu Beginn des letzten Jahrhunderts der Soziologe Max Weber in aller Ausführlichkeit. Wird unsere Haltung zur Arbeit nämlich aus ihrem spirituellen Kontext gerissen, dann resultiert sie in unserem kapitalistischen Berufsethos (Weber 2013). Das macht Webers bekanntes Werk auch nach über hundert Jahren durchaus lesenswert und zu überaus interessantem Denkfutter.

Rein pragmatisch betrachtet, müssen die meisten Menschen in unserer Gesellschaft arbeiten, um ihren Lebensunterhalt zu verdienen. Erwerbstätigkeit stellt die gesellschaftliche Norm dar und diese macht jeden Menschen für sein Auskommen eigenverantwortlich. Arbeit wird zur Pflicht und von dieser Pflicht sind nur Menschen entbunden, die gesundheitlich, geistig oder körperlich nicht zur Ausübung einer Tätigkeit in der Lage sind oder einer gesellschaftlich anerkannten, alternativen Tätigkeit, wie beispielsweise einer Ausbildung oder der Kindererziehung nachgehen. Wir sind zu einer Arbeitsgesellschaft geworden: Der Bezug des Einkommens und damit verbunden auch die Absicherung des Lebensunterhalts ist untrennbar mit der Erwerbsarbeit verbunden. Die Versorgung nicht erwerbstätiger Menschen durch Sozialleistungen ist ebenfalls abhängig vom Erwerbseinkommen und leitet sich direkt aus diesem ab. Der Anteil des Erwerbslebens an der Gesamtlebenszeit ist so bedeutend, dass er die Struktur unseres Lebens bestimmt: Wir sind entweder in Vorbereitung, mitten drinnen oder (endlich) in der wohlverdienten Zeit danach. Erwerbsarbeit bestimmt unser Selbstbild und unseren gesellschaftlichen Status und dieser wiederum beeinflusst soziale Interaktionen. In unserer westlichen Gesellschaft, die sich mit ihren Werten und Normen historisch betrachtet aus dem klassischen Bürgertum entwickelt hat, herrscht so etwas wie ein „Arbeitsfetisch" (Spät 2014). In einer Gesellschaft, in der Menschen ihre Identität über das Tun definieren, wird Status und Anerkennung noch immer über Leistung, Bildung, Zielerreichung, hierarchische Position und letztendlich Vermögen erworben. Üblicherweise ist die klassische Frage zwischen zwei Menschen, die sich zum ersten Mal kennenlernen nicht „Wer bist du?", sondern vielmehr „Was machst du?"

Dass unsere Erwerbsarbeit einerseits und das, was wir andererseits als unser „eigentliches Leben" bezeichnen, aber offensichtlich als widersprüchlich wahrgenommen werden, ist nirgendwo besser zum Ausdruck gebracht als in dem schönen Schlagwort der „Work-Life-Balance". Wir haben also auf der einen Seite eine Arbeitswelt, die uns in einem großen Ausmaß vereinnahmt, unsere Zeit, unsere Ressourcen, unsere Energie verbraucht. Auf der anderen Seite liegt dann das, wofür wir uns die

„Work" überhaupt antun – die Familie, die Freunde, die Freizeit, der Urlaub und die Hobbies. Statistiken zeigen ein trauriges Bild darüber, wie viele Menschen ihre Erwerbsarbeit überhaupt als lohnend und positiv wahrnehmen. Spaß und Freude finden die wenigsten darin, egal aus welcher Bildungsschicht oder Hierarchieebene sie kommen. Eine deutliche Mehrheit bezeichnet Arbeit nur als notwendiges Übel.

Arbeitszeit und Freizeit verschwimmen
Wer arbeitet, braucht – um nicht auszubrennen, sondern körperlich und seelisch gesund zu bleiben – auch entsprechende Ruhepausen. Das sagt einem der gesunde Menschenverstand. Doch die technologische Entwicklung hat in den letzten Jahren die Grenzen zwischen unserer Arbeitswelt und unserem Privatleben immer mehr verschwimmen lassen. Die Belastungen steigen, die Erholungsphasen werden immer kürzer. Ständige Erreichbarkeit auf verschiedenen Kommunikationskanälen ist in vielen Berufen zur Selbstverständlichkeit geworden: E-Mails, WhatsApp, Telefon, Facebook, Instagram, Twitter, LinkedIn, Xing auf Laptop, Tablet oder Smartphone.

Einer ganzen Generation, der sogenannten Generation Y oder den Millennials, wird nachgesagt, dass sie sich diesem Widerspruch zwischen Arbeit und Freizeit, aber auch dem von unserer Gesellschaft aufgebauten Leistungsdruck, kollektiv durch neue, erwerbsunabhängige Definitionen von Erfolg und Status entziehen will (Myers und Sadaghiani 2010). Auf der einen Seite findet diese Generation viele strukturelle Mängel vor, die in weiten Teilen Europas zu einer hohen Jungendarbeitslosigkeit geführt haben. Auf der anderen Seite ist die junge Generation aber auch eine „Generation der Erben", die auf erworbenes Immobilienvermögen und Angespartes der Aufbaugenerationen zugreifen kann. Diese verhältnismäßig große finanzielle Sicherheit gibt vielen jungen Menschen die Möglichkeit, ihre Work-Life-Balance mehr in Richtung „Life" als in Richtung „Work" auszuleben. Beruflicher Status oder großes Engagement verlieren an Bedeutung. Entsprechende Strömungen sind im Arbeitsumfeld bereits zu beobachten und führen nicht selten zu Konfliktpotenzial zwischen Menschen, die aus verschiedenen Generationen stammen.

Solange in unserer heutigen Gesellschaft Arbeit als Erwerbstätigkeit verstanden wird, wir also unsere Leistung und unser Engagement gegen Einkommen, sprich Geld, tauschen, solange werden Arbeiten und Leben in der Wahrnehmung einer großen Mehrheit der Berufstätigen vermutlich Gegensätze bleiben. Und diese Gegensätze müssen irgendwie in die Balance gebracht werden. Dass dies kein einfaches Unterfangen ist, davon können Legionen von Coaches, Beratern und Trainern in ihrer täglichen Praxis ein Lied singen. Denn schließlich sind sie es, die den von ihnen betreuten und unterstützten Menschen Werkzeuge in die Hand geben sollen, mit deren Hilfe Unvereinbares wie beispielsweise die viel zitierte Unvereinbarkeit von Familie und Beruf irgendwie unter einen Hut gebracht werden soll. Auch spannend, dass Legionen an Menschen „hingecoacht" werden müssen, um sich an ein bestehendes System anzupassen, anstatt die Sinnhaftigkeit dieses Systems an sich einmal zu hinterfragen.

2.4.2   Die Instant-Gratification-Seuche

Kurzfristig denken oder langfristig handeln
Jeder Unternehmer muss sich die Frage stellen, auf welche Art und Weise in seiner Organisation Gewinne erwirtschaftet werden sollen. Denn es ist das Wesen jeder Organisation, primär ihr Überleben, also die eigene Existenz, zu sichern. Dazu ist es eine logische und auch durchaus legitime Grundvoraussetzung für ein Unternehmen, wirtschaftlich erfolgreich und gesund dazustehen. Zu der Art und Weise, wie dieses Primärziel der eigenen Existenzsicherung erreicht werden soll, existieren jedoch zwei grundlegend verschiedene Wertehaltungen. Sie stellen die beiden entgegengesetzten Endpunkte auf einem Kontinuum verschiedener Ausprägungsformen unternehmerischer Ethik dar. Da in unserem sozioökonomischen System aber selten alles schwarz/weiß ist, sind die beiden Extreme in Reinkultur kaum zu finden. Die aktuelle Wahrheit findet sich in den unzähligen dazwischenliegenden Graustufen.

Die eine Haltung, wie man sie im Konzept der Nachhaltigkeit oder mit noch weiterreichenden Konsequenzen in der Gemeinwohlökonomie findet, geht davon aus, dass ein Unternehmen systeminterner Bestandteil einer gesellschaftlichen und wirtschaftlichen Struktur ist. Es ist sozusagen in diese Struktur eingebettet und untrennbar auf nahezu symbiotische Weise mit ihr verbunden (von Groddek 2015). Dadurch trägt es aber auch für den Erhalt und den Fortbestand dieser Gesamtstruktur eine Verantwortung. In diesem Fall wird darauf geachtet, die Interessen von Mitarbeitern, Kunden, Lieferanten, Kapitalgebern, Anrainern, Gemeinden, Regionen sowie des Staats und der Umwelt optimal auszubalancieren. In derartigen Unternehmen wird auf Langfristigkeit geachtet und mit vorhandenen Ressourcen wird vorausschauend und respektvoll umgegangen.

Auf der anderen Seite des Spektrums findet sich eine Haltung, die das Unternehmen ausschließlich aus der Sicht der Anteilseigner und Eigentümer betrachtet. Deren Anspruch ist der unbedingte wirtschaftliche Erfolg und das stetige Wachstum, dem alle anderen Interessen untergeordnet werden. Das Unternehmen wird damit ein Mittel zum Zweck der Vermögensvermehrung. In vielen dieser zum Teil shareholdergetriebenen, börsennotierten und multinationalen Unternehmen wird das Top-Management nicht selten für das Erreichen kurzfristiger Ziele belohnt. Gedacht wird in Monatsabschlüssen, Quartalszahlen und Bilanzjahren. Der Mensch ist nur eine von vielen Ressourcen, die der Erfüllung des Unternehmensziels dient. Eine Wechselwirkung mit und eine Verantwortung für die gesellschaftlichen und ökologischen Strukturen, in die derartige, meist global agierende Unternehmen eingebettet sind, findet kaum statt. Die größte Abstraktionsstufe in dieser Gegenüberstellung nehmen wahrscheinlich die Finanzmärkte ein. Dort wird teilweise kurzfristig Vermögen generiert (aber auch manchmal vernichtet), ohne dass eine tatsächliche Wirtschaftsleistung dahintersteht. Von den dort erzielten Gewinnen profitieren in den seltensten Fällen diejenigen, die in Form von realer Arbeit Produkte oder Dienstleistungen geschaffen haben.

Schnell, schneller, am schnellsten
Doch der Widerspruch zwischen Lang- und Kurzfristigkeit findet sich nicht nur im Wirtschaftssystem, sondern zeigt sich – dank des technologischen Fortschritts – auch in unserer Gesellschaft. Das Thema wird in der englischsprachigen Literatur unter dem Schlagwort „instant

gratification" (sofortige Belohnung/Bedarfsbefriedigung) diskutiert (Patel 2014) und bezieht sich auf die Veränderung in sozialen Beziehungen durch das Aufkommen der sozialen Medien. Viele Menschen, die sich selbst als Nutzer von Facebook und Instagram deklarieren, geben bei Befragungen an, dass ihre sozialen Kontakte dadurch oberflächlicher geworden sind und dass sie sich auf „Freunde" aus sozialen Medien nicht verlassen können. Während der Erhalt von sozialer Bestätigung in der virtuellen Welt durch das Verteilen von „likes" immer schneller wird, geht dies auf Kosten des Aufbaus von langfristig tragfähigen sozialen Beziehungen in der realen Welt (Lerchster und Heintel 2017). Der Gebrauch sozialer Medien wird auch zum Bewältigungsmechanismus für den Stress und den Druck des Alltags. Menschen, die in ihrer Freizeit häufig auf Facebook zu finden sind, leiden auch öfter unter Depressionen als Menschen mit einer geringeren Social-Media-Nutzung (Lin et al. 2016).

Der Mechanismus der sofortigen Bedarfsbefriedigung hat sich in dieser Vehemenz erst in den vergangenen Jahren durch die Angebote der Digitalisierung gebildet und hat auch deren englischsprachiges Vokabular salonfähig gemacht: Bestellung mit einem Klick im Onlineshop, „same-day-delivery" (Zustellung am Bestelltag), Streamingangebote, die das Herunterladen von Filmen und Serien sofort nach ihrer Erscheinung ermöglichen – um nur ein paar plakative Beispiele zu nennen. Egal auf welchen Lebensbereich man seinen Fokus richtet, kurzfristige Verfügbarkeit scheint sich vor allem im Konsumbereich gegenüber Langfristigkeit unaufhörlich durchzusetzen. Der Aufbau eines tragfähigen Beziehungsnetzwerks durch Kommunikation, durch den Austausch von Emotionen und den Aufbau von Vertrauen, aber auch das Finden von Sinn in einer Aufgabe sowie das Erlernen von Management- und Führungsfertigkeiten brauchen jedoch Zeit und Geduld.

2.4.3 Die angstgesteuerte Gesellschaft

Komplexität macht Angst
Menschen sehnen sich nach Vorhersehbarkeit, nach einem Gefühl von Handhabbarkeit und Kontrolle. Sie wollen die Welt, die sie umgibt, ver-

stehen können. Sie brauchen ein bestimmtes (individuell angepasstes) Maß an Ordnung und Sicherheit. Doch stattdessen hat sich unser gesamtes sozioökonomisches Umfeld in den vergangenen Jahren zu einem undurchschaubaren System voller unerklärlicher wechselseitiger Abhängigkeiten entwickelt, in dem selbst die schlauesten Köpfe, die unsere Gesellschaft und unsere Wirtschaft zu bieten haben, nicht mehr in der Lage sind, verlässliche Vorhersagen zu treffen. Denn anstatt sich nach einfachen und logisch nachvollziehbaren Ursache-Wirkungs-Prinzipien zu verhalten – also nach linearen Kausalitäten wie sie unser naturwissenschaftlich geprägtes Weltbild gerne in den Vordergrund stellt –, ist in unserem System bei Weitem nicht mehr sicher, ob mit einer bestimmten Intervention oder Handlung auch tatsächlich der gewünschte Effekt erzielt werden kann. Denn Kausalitäten sind vom Menschen gesetzte Zusammenhänge und soziale Systeme mit ihrer Vielfalt an Ursachen, Wirkungen, Rückwirkungen, Feedbacks und Abhängigkeiten entziehen sich derartigen linearen Kausalitäten besonders gerne. Schon die letzte Wirtschaftskrise hat es aufgezeigt, doch spätestens seit der COVID-19-Pandemie muss jedem klar geworden sein: Unordnung/Entropie/Chaos ist Teil unseres Alltags geworden. Und sie ist gekommen, um zu bleiben.

Wenn man in der einschlägigen Managementfachliteratur nach einer Erklärung für dieses Phänomen sucht, dann kommt einem vor allem in englischsprachigen Publikationen immer wieder der Begriff „VUKA" (engl. VUCA) unter (Pearse 2017). VUKA setzt sich zusammen aus den Worten volatil („volatile"), unsicher („uncertain"), komplex („complex") und ambivalent („ambiguous"). Dieses Akronym – mittlerweile häufig gebrauchtes Erklärungsmodell der Beraterbranche für die Unvorhersehbarkeit von Marktentwicklungen – wurde in den 1990er-Jahren an amerikanischen Militärakademien dazu entwickelt, um die sich ständig verändernden und extrem herausfordernden Situationen und Umstände zu beschreiben, mit denen sich Führungsoffiziere bei Einsätzen in Krisengebieten wie Afghanistan oder dem Irak konfrontiert sahen (Stiehm und Townsend 2002). Viele systemische Organisationsberater, in deren Erklärungsmodellen für Changemanagementprozesse die VUKA-Welt mittlerweile zum Alltag gehört, werden nicht müde zu erklären, dass auch dieser Versuch, Unbeherrschbares scheinbar beherrschbar zu machen, eine Illusion bleiben muss. Denn ein Konzept, das versucht,

Systemkomplexität auf vier Worte zu reduzieren, muss immer eine Vereinfachung darstellen und wird damit trivial. Denn mit der COVID-19-Krise und der durch sie verursachten weltweiten Rezession wird offensichtlich, dass unser Wirtschaftssystem noch nicht einmal mehr VUKA ist. Es ist – um ein weiteres sehr bodenständiges Akronym aus dem US-amerikanischen Militärjargon zu zitieren – bereits einen dramatischen Schritt weiter. Was wir gerade erleben, ist schon FUBAR („fucked-up beyond all recognition").

Selbst wenn man sich der Grenzen einer VUKA-Welt also bewusst bleiben muss, was bedeuten nun diese militärischen Erkenntnisse aus den Kriegsregionen der Welt, umgelegt auf unser aktuelles sozioökonomisches Gefüge? Es lassen sich immer häufiger unvorhergesehene, oft blitzschnelle Veränderungen beobachten und erleben, und selbst ehemals gut funktionierende Prognosemodelle (die zumeist auf der linearen Fortsetzung historischer Entwicklungen basieren) lassen kaum mehr zuverlässige Vorhersagen zu. Wirtschaftliche und soziale Zusammenhänge werden immer komplizierter und undurchschaubarer. Die Systeme, in die wir eingebettet sind, werden zunehmend instabiler, mehrdeutiger und widersprüchlicher. Es existieren keine einfachen Schwarz-weiß-Zuordnungen mehr, sondern nur noch Abstufungen verschiedener Grautöne. Das wird nicht nur für den Einzelnen in seinem Alltagserleben zu einer ständigen latenten Bedrohung, das ist im wirtschaftlichen Umfeld vor allem eine Herausforderung für Führungskräfte und das strategische Management. Internationale Analysten formulieren den Umstand, dass es vor allem in der globalen Ökonomie kein Zurück zur „guten alten Zeit" mehr geben wird, gerne recht plakativ mit den Worten: „Welcome to the New Normal!" Die letzte Krise hat uns gezeigt, dass sogar der Wunsch nach einem New Normal illusorisch ist.

Sicherheit als neue Religion
Das grundlegende menschliche Bedürfnis nach Ordnung hat jedoch zur Entwicklung einer „Sicherheitsgesellschaft" geführt, die teilweise ziemlich verzweifelt und mit völlig unpassenden Mitteln versucht, irgendwie die Kontrolle über soziokulturelle und ökonomische Veränderungsprozesse wiederzuerlangen. Die Sicherheitsgesellschaft hat den Anspruch,

Unberechenbares, Ambivalentes, Uneindeutiges sowie alles Fremde und Störende zu eliminieren, um so eine berechenbare und eindeutige Welt zu schaffen. Denn fehlende Einflussmöglichkeiten und die Überforderung mit der Komplexität unserer Welt führen zu einem Gefühl des Ausgeliefertseins.

Man braucht nicht lange darüber nachzudenken, welchen Ängsten einerseits und welchen Bedürfnissen andererseits viele aktuelle gesellschaftlich Entwicklungen zu verdanken sind. Da gibt es beispielsweise Menschen, die finden, dass früher alles besser war. Sie entwickeln nostalgische Vorstellungen und rückwärtsgewandte Utopien, sogenannte Retropien (Precht 2017), in denen neue Regeln erfunden werden, um einen vergänglichen Idealzustand aufrechtzuerhalten. Die Angst vor dem sozialen Abstieg und die Angst vor Fremdem kommt vor allem in Krisenzeiten ebenfalls immer wieder hoch – all das sind Symptome einer angstgesteuerten Gesellschaft. Den Mut, öffentlich einzugestehen, dass man keine Ahnung hat, wie mit einer derartigen Systemkomplexität richtig umzugehen ist, den findet man leider selten.

2.5   Die Apokalypse wurde abgesagt

> „Change is only another word for growth, another synonym for learning."
> **Charles Handy, Irischer Philosoph und Buchautor (*1932)**

Nein, das soll jetzt hier keine kollektive Depressionsparty werden. Und nein, wir schreiben auch nicht den Weltuntergang herbei. Schließlich sind wir geschult im Umgang mit herausfordernden Situationen. Und das Hauptcredo jedes guten systemischen Organisationsberaters ist: „Lungere nicht allzu lang im Problemsystem herum, sondern fokussiere dich stattdessen lieber auf das Lösungssystem!"

Wir gehen die ganze Sache also jetzt so an, wie wir es von guten Medizinern gelernt haben. Wir beobachten und sammeln zuerst einmal die wesentlichsten Symptome, dann bringen wir sie in einen größeren Kontext und zu guter Letzt stoßen wir mit einer passenden Therapie die Heilung an. Die in diesem Kapitel vorgestellten Puzzlesteine beschreiben die von uns beobachteten Erkrankungssymptome. Das sind sicherlich nicht alle, aber ein paar Highlights, die jedem von uns schon einmal über den Weg gelaufen sind. Im nächsten Kapitel fügen wir sie dann zu einem größeren Ganzen zusammen, um sie aus verschiedenen Blickwinkeln zu betrachten – schließlich sind wir Systemiker, also gehört das Wahrnehmen aus einer Metaebene gewissermaßen zu unserem täglichen Brot. Wir versuchen zu ergründen, wie sie zusammenhängen, wie sie sich gegenseitig verursachen und verstärken, mit welchen Widersprüchlichkeiten wir es zu tun haben und wir wollen zeigen, warum wir davon überzeugt sind, dass uns herkömmliche und gewohnte Denkweisen und Lösungsansätze nicht mehr weiterhelfen werden.

> Denn in Zeiten einer „Systemkrise" bringt es uns alle nicht weiter, Lösungen für die sichtbaren Einzelprobleme zu suchen. Das bringt weder den gewünschten Erfolg, noch macht es Sinn.

Denn macht man sich keine Gedanken über die zugrunde liegende Systemerkrankung, dann wird das Beheben von Symptomen zu reiner Zeit- und Energieverschwendung. Es ist vielmehr dringend notwendig, hinter die Kulissen des Offensichtlichen zu blicken, um das Problemsystem in seiner Ganzheit erfassen zu können. Erst mit dem Erlangen einer umfassenden Erkenntnis darüber, womit wir es hier wirklich zu tun haben, wird es uns überhaupt erst möglich, ein brauchbares Lösungssystem zu entwickeln.

Systemkrisen treten in der Regel an den Schnittpunkten von zwei aufeinanderfolgenden systemischen Entwicklungen auf. Zu diesen zählen auch wirtschaftliche Entwicklungszyklen, die üblicherweise in einer Abfolge von langen Wellen kommen und gehen. Diese Theorie der langen Wellen wirtschaftlicher Entwicklung geht auf den Ökonomen Joseph Schumpeter zurück (Schumpeter 1939). Sie besagt, dass grundlegende technische Neuerungen in zyklischen Abständen auftreten und langanhaltende Wachstumsschübe auslösen können. Während die letzte lange Welle erst kurz vor der Jahrtausendwende mit der Verbreitung des Internets eingeläutet wurde und ihren Höhepunkt mit der Digitalisierung während der Nullerjahre gefeiert hat, so befinden wir uns heute bereits in deren Abstieg. An der wirtschaftlichen Spitze dieser langen digitalen Welle schafften nach der Jahrtausendwende Konzerne wie Microsoft, Apple, Amazon, Google und Facebook den Einzug in die Top 10 der wertvollsten börsennotierten Unternehmen. Das mag uns zwar momentan nicht so vorkommen, wo doch allem Anschein nach sehr viele Unternehmen gerade erst damit beginnen, sich mit den neuen Möglichkeiten und Bedürfnissen der Digitalisierung auseinanderzusetzen. Dennoch können wir bereits heute erste Anzeichen einer neu auf uns zukommenden Welle wirtschaftlichen Aufschwungs erkennen. Zugegeben, die Auswirkungen dieser neuen Welle werden nicht sofort auf alle Branchen oder Kontinente gleich rasch hereinbrechen. Denn auch die digitale Welle ist zuerst in den USA entstanden, um von dort aus die Welt zu erobern. Im Gegensatz dazu besitzt Europa allerdings dieses Mal sehr gute Voraussetzungen, um zum Treiber eines neuen Wirtschaftszyklus zu werden.

Doch zurück zu unserem Heilungsprozess. Bevor wir uns schlussendlich dem Lösungssystem, also der eigentlichen „Therapie" zuwenden können, müssen wir zum besseren Verständnis vorher noch kopfüber hinein in eine eher theoretische Auseinandersetzung mit der systemischen Sichtweise. Da müssen wir jetzt durch, um eine gemeinsame Sprache zu sprechen. Wir brauchen dafür zuerst einen wissenschaftlichen Überbau und das entsprechende begriffliche Handwerkszeug. Denn wie wir bereits angekündigt haben, ist es bei unserem Therapieansatz nicht mit einem Drehen an altbekannten Schrauben getan. Da gibt es keinen „Quick-Fix". Das System hat keinen Männerschnupfen und Aspirin allein wird nicht mehr helfen. Wir müssen nicht nur die Art und Weise, wie wir über das Problem denken und es bewerten, grundlegend verändern. Wir gehen vielmehr auch von einem Lösungssystem aus, das eine völlige Veränderung unserer Haltung erfordert. Wir reden hier von einem gänzlich neuen Paradigma. Wer das erkennt, wird sicherlich eine Weile gegen den Strom des Altbekannten und Erprobten, des Eingeübten und vermeintlich Sicheren anschwimmen müssen. Das ist das Wesen eines Transformationsprozesses. Aber Wellenreiter sind Pioniere. Das erfordert Mut, doch den Mutigen gehört ja bekanntlich die Welt.

Literatur

Drucker, P. (1954). *The practice of management.* New York: Harper Collins.

von Groddek, V. (2015). „Unternehmen sind nun mal Teil der Gesellschaft" – Wertekommunikation in Wirtschaftsorganisationen zwischen Routine und Moral. In A. Nassehi, I. Saake & J. Siri (Hrsg.), *Ethik – Normen – Werte* (S. 131–156). Wiesbaden: Springer Fachmendien.

Handy, C. (1989). *The age of unreason.* London: Random House Business Books.

Jürgens, K. (2010). Arbeit und Leben. In F. Böhle, G. G. Voß & G. Wachtler (Hrsg.), *Handbuch Arbeitssoziologie* (S. 483–504). Wiesbaden: VS Verlag für Sozialwissenschaften.

Kolbjørnsrud, V., Amico, R., & Thomas, R. J. (2016). *The promise of artificial intelligence. Redefining management in the workforce of the future.* Dublin: Accenture Institute of High Perfomance.

Kossik, A. (2018). *Sinn und Werte als Burnout-Prophylaxe – Über den Einfluss von Ethik und sozialer Nachhaltigkeit in der Wirtschaft auf die psychische Gesundheit am Arbeitsplatz.* Klagenfurt: Alpen Adria Universität Klagenfurt.

Lerchster, R., & Heintel, P. (2017). Facebook or loss of face? *Gruppe. Interaktion. Organisation. Zeitschrift für Angewandte Organisationspsychologie, 48*(2), 91–102.

Lin, L. y., Sidani, J. E., Shensa, A., Radovic, A., Miller, E., Colditz, J. B., … Primack, B. A. (2016). Association between social media use and depression among U.S. young adults. *Depression and Anxiety, 33*, 323–331.

Myers, K. K., & Sadaghiani, K. (2010). Millennials in the workplace: A communication perspective on millennials' organizational relationships and performance. *Journal of Business and Psychology, 25*(2), 225–238.

Patel, N. (24. Juni 2014). *Entrepreneur Europe.* Abgerufen am 6. März 2021 von https://www.entrepreneur.com/article/235088.

Pearse, N. J. (2017). Change management in a VUCA world. In R. Elkington, M. Van Der Steege, J. Glick-Smith & J. Moss Breen (Hrsg.), *Visionary leadership in a turbulent world* (S. 81–105). Bingley: Emerald Publishing.

Precht, R. (2017). Auf dem Weg nach Retropia. *Handelsblatt Magazin.*

Schumpeter, J. A. (1939). *Business cycles. A theoretical, historical and statistical analysis of the capitalist process.* New York/London: McGraw-Hill Book Co.

Spät, P. (2014). *Und was machst du so?: Fröhliche Streitschrift gegen den Arbeitsfetisch.* Zürich: Rotpunktverlag.

Stiehm, J., & Townsend, N. (2002). *The U.S. Army War College: Military education in a democracy.* Philadelphia: Temple University Press.

UNGC. (2018). Abgerufen am 2018 von United Nations Global Compact: www.unglobalcompact.org.

Weber, M. (2013). *Die protestantische Ethik und der Geist des Kapitalismus* (4 Ausg.). (D. Kaesler, Hrsg.). München: C.H.Beck.

3

Die systemische Perspektive

„Systems thinking is a discipline for seeing wholes. It is a framework for seeing interrelationships rather than things, for seeing ,patterns of change' rather than static ,snapshots'. "

Peter Senge, Amerikanischer Systemforscher und Vordenker der Lernenden Organisation (*1947)

Wir haben schon erklärt, dass die Fragestellungen, mit denen wir in unserer hochkomplexen modernen Außenwelt konfrontiert werden, nicht mehr mit herkömmlichen Denkansätzen zu bewältigen sind. Lineares Problemlösungsdenken ist also endgültig abgesagt. Wir befinden uns vielmehr in einer chaotischen Übergangszeit zwischen zwei Wirtschaftszyklen. Dabei sind die beiden Denksysteme, die hier aufeinanderprallen, aber so grundverschieden, dass man, um das bahnbrechende Konzept der kommenden Welle überhaupt in seiner Gesamtheit erfassen zu können, auch eine vollständig andere Perspektive einnehmen muss. Denn das nachfolgende Kapitel zeigt, dass die Herausforderungen unserer Zeit systemischer Natur sind. Aber was bedeutet das eigentlich? Und woran kann

© Der/die Autor(en), exklusiv lizenziert durch Springer-Verlag GmbH, DE, ein Teil von Springer Nature 2021
A. Kossik, K. Hitschmann, *Die sozioökonomische Transformation*,
https://doi.org/10.1007/978-3-662-62950-5_3

man diese „systemische Natur" überhaupt festmachen? Wir müssen also kurz in die theoretische Welt des systemischen Denkens eintauchen, um diesen Zugang besser zu verstehen und um die Sinnhaftigkeit und die Genialität systemischer Lösungsansätze nachvollziehen zu können.

3.1 Ein kurzer Ausflug in die Systemtheorie

Was sind Systeme?
Wir sprechen immer wieder von „systemisch" oder von unserer Gesellschaft und Wirtschaft als einem „sozialen System". Doch was bedeutet der Begriff „System" eigentlich genau? Zu einem besseren Verständnis lohnt es sich, einen Blick in seine Entstehung zu werfen und sich in aller gebotenen Kürze mit einigen wissenschaftlichen Erkenntnissen der Systemtheorie zu beschäftigen. Die Theorie sozialer Systeme ist zugegebenermaßen sehr komplex und kann auch bei akademisch versierten Menschen durchaus Knoten in den Hirnwindungen verursachen. Wir versuchen daher, in diesem Kapitel in möglichst einfachen Worten die Zusammenhänge und Begriffe zu erklären, die uns für dieses Buch am wichtigsten erscheinen.

Die Definition eines Systems als die Beziehung von Teilen zu einem übergeordneten Ganzen stammt bereits aus der Antike. Die moderne Systemtheorie, als deren bekanntester Vertreter sicherlich der deutsche Soziologe und Gesellschaftstheoretiker Niklas Luhmann gilt, erklärt diesen Begriff nicht so statisch, sondern viel „lebendiger". Dabei ist ein System ein aus bestimmten Elementen und der Organisation ihrer Beziehungen entstehender dynamischer Zusammenhang. Ein System definiert sich durch die Grenzen zwischen ihm selbst und seiner Umwelt. Es bildet dadurch einen Ort reduzierter Komplexität, das heißt, um es mit Luhmanns eigenen Worten zu beschreiben, es setzt sich zu einem äußeren Zustand unlimitierter Komplexität in Differenz. Vereinfacht ausgedrückt bedeutet das, dass ein System immer aus einzelnen Komponenten besteht, die miteinander in einer veränderlichen Wechselbeziehung stehen und die sich aufgrund bestimmter Merkmale von allem anderen „da draußen" unterscheiden. Jedes soziale System verfügt über ein grundsätzliches, ihm selbst innewohnendes stimmiges und rational begründbares Konzept, seine sogenannte „Funktionslogik". Die Funktionslogik eines sozialen Systems wie beispielsweise einer Organisation ist einfach erklärt: Derartige Systeme sichern ihren eigenen Fortbestand und sie erfüllen eine von der Umwelt an sie übertragene Aufgabe. Der US-amerikanische Soziologe Talcott Parsons beschreibt folgende vier Basisfunktionen eines Systems, die dieses braucht, um seine Struktur zu stabilisieren: Adaptation (Anpassung), Goal Attainment (Zielerreichung), Integration (Integration) und Latency (Strukturerhaltung) (Parsons 1951).

Die Kommunikation, die innerhalb eines Systems existiert, funktioniert nur über die Auswahl einer limitierten Anzahl von Informationen, also durch Komplexitätsreduktion. Der Begriff der „Kommunikation" ist in diesem Zusammenhang ein bisschen irreführend, denn seine Bedeutung geht über den üblicherweise damit gemeinten Austausch von Sprache weit hinaus. Er beschreibt vielmehr eine Handlung zur Übertragung von Informationspaketen. Derartige Informationsereignisse bestehen jeweils aus der Information selbst, beinhalten aber gleichzeitig auch die beiden Vorgänge der Mitteilung und des Verstehens dieser Information. Luhmann bezeichnet das als „Operation". Operationen erzeugen und erhalten soziale Systeme, solange diese Operation in diesem System irgendwo andocken kann, also „anschlussfähig" ist, und selbst wieder eine neue Operation auslöst. Erfüllt ein System die Randbedingungen, dass es einerseits in sich geschlossen ist und der Austausch von Informationsereignissen nur innerhalb des Systems erfolgen kann und dass andererseits auf Kommunikation immer weitere Kommunikation folgen muss, dann entsteht es quasi aus sich selbst heraus. Wie Organismen, die in der Lage sind, sich selbst zu reproduzieren, verfügen soziale Systeme ebenfalls über die Fähigkeit, sich aus sich selbst heraus wiederherzustellen (Autopoiese) (Luhmann 1987).

Die Gesellschaft hat sich im Laufe ihrer Entwicklung „funktional differenziert", das heißt, sie besteht aus einzelnen Teilsystemen, die im Gesamtsystem bestimmte Aufgaben wahrnehmen und damit eine besondere Funktion erfüllen. Das wären im Fall unseres modernen komplexen Gesellschaftssystems beispielsweise „die Wirtschaft", „die Politik" oder „die Wissenschaft". Laut Luhmann erfolgen in unserer funktional differenzierten Gesellschaft relevante Kommunikationsprozesse über den Austausch von fünf symbolischen Medien, die allgemeingültig sind, die sogenannten symbolisch generalisierten Kommunikationsmedien: Macht, Geld, Liebe, Wahrheit und Kunst. Das Teilsystem Politik fokussiert sich beispielsweise auf das Kommunikationsmedium Macht. Vergrößert sich meine Macht oder nicht? Ähnlich geht es in der Wirtschaft: Fließt Geld oder nicht? Der für ein Teilsystem wie beispielsweise die Wirtschaft charakteristische Leitunterschied „zahlen/nicht zahlen" wird auch als „Code" bezeichnet.

Im System und darüber hinaus
Wir haben jetzt kurz den Systembegriff selbst erläutert, einige wichtige Systemeigenschaften beschrieben sowie die Ausdifferenzierung moderner Gesellschaften und die spezifischen Codes ihrer wichtigsten Untersysteme erklärt und wollen uns nun mit drei Begriffen beschäftigen, die das Verhältnis eines Systems zu seiner Umwelt definieren: Systemimmanent, systemtransgredient und systemtranszendent.

Ein System unterhält vielerlei Umweltbeziehungen, ist im Kern jedoch mit seiner Umwelt immer nur durch systemimmanente Wahrnehmungs- und Verarbeitungsprozesse verbunden. Der Begriff **systemimmanent** bedeutet in diesem Zusammenhang also eine Eigenschaft, die aus den Regeln des Systems selbst heraus entsteht, ohne von diesem ausdrücklich gewollt zu sein. Diese Eigenschaft gehört also ganz selbstverständlich einfach zu diesem System dazu, wie beispielsweise die Wettbewerbsorientierung zu einer kapitalistischen Marktwirtschaft.

Als **systemtransgredient** kann das Handeln eines Systems verstanden werden, das seine Funktionslogiken überschreitet, wenn also beispielsweise über die zielorientierte Logik eines Systems hinausgehend agiert wird. Ist das Ziel des Systems beispielsweise „Gewinn", dann wäre eine darüber hinausgehende Handlung demnach die Einführung eines werte- oder ethikbasierten Code of Conduct oder eines CSR-Systems.

Unter **systemtranszendent** wäre demnach zu verstehen, dass nicht nur die Funktionslogiken eines Systems, sondern das System an sich infrage gestellt wird, es kommt zu einem sogenannten Paradigmenwechsel (Heintel 1993). Unter einem Paradigma wird generell ein gewisser allgemein anerkannter Konsens über Annahmen und Vorstellungen verstanden, die es ermöglichen, für eine Vielzahl von Fragestellungen Lösungen zu bieten. Die grundlegende Veränderung unseres Gesellschafts- und Wirtschaftssystems, deren Symptome wir in diesem Buch immer wieder beschreiben, entspricht einem derartigen Paradigmenwechsel.

Wie verändern sich Organisationen?

Geht es um Veränderungsprozesse in Organisationen, ist es auch noch wichtig, den Begriff der Organisation zu erläutern und ein paar Worte darüber zu verlieren, in welcher Form sich grundlegende Eigenschaften einer Organisation manifestieren.

> Basierend auf der Luhmann'schen Systemtheorie handelt es sich bei **Organisationen** um soziale Systeme, die sich durch Handeln konstituieren und sich selbst erhalten, verändern und reproduzieren. Eine Organisation definiert sich also selbst, und zwar durch Differenzsetzung zu ihrer Umwelt (Luhmann 1987).

Das Transformationsmanagement (Janes et al. 2001) beschreibt die in einer Organisation dominierenden spezifischen Kommunikations-, Kooperations- und Entscheidungsmuster als einen Aspekt der Selbstorganisation sozialer Systeme. Diese Muster bieten auf der Handlungsebene einen gewissen Ordnungsrahmen. Durch das Ausmaß, in dem sich diese Muster in einer Organisation verändern, lassen sich drei grundlegende Formen des Wandels beschreiben:

• **Wandel 1: Ordnung**
  Die erste Form des Wandels wäre die reine Organisationsoptimierung. In diesem Fall bleiben die Kommunikations-, Kooperations- und Entscheidungsregeln, nach denen in einer Organisation gearbeitet wird, prinzipiell gleich und nur die Art und Weise, wie diese Prozesse ablaufen, wird effizienter gemacht. Es wird versucht, das Verhältnis von Input zu Output zu verbessern. Darunter fallen also alle Maßnahmen in einem Unternehmen, die ausschließlich das Ziel der Effizienzsteigerung verfolgen und dafür einfach an bekannten und altbewährten Stellschrauben drehen.

- **Wandel 2: Ordnung**
  Die zweite Form des Wandels wäre dann ein sogenannter Musterwechsel. In diesem Fall wird die Art und Weise, wie innerhalb einer Organisation kommuniziert, kooperiert und entschieden wird, verändert. Die Regeln, nach denen die Organisation funktioniert, werden anders und das geht nicht selten mit Widerstand gegen diese Veränderung einher. In diesem Fall spricht man von Systemabwehr, ein Begriff, auf den wir später noch näher eingehen werden. Die meisten Changeprozesse in Unternehmen fallen in diese Kategorie.

- **Wandel 3: Ordnung**
  Bei der dritten Form des Wandels ändern sich nicht nur allein die Regeln, nach denen in einer Organisation agiert wird, sondern vielmehr die grundlegenden Werte eines Systems. Auch in diesem Fall wird von einem Paradigmenwechsel gesprochen. Hier bewegen wir uns im Bereich der Transformationsprozesse in Organisationen, wie das beispielsweise bei der Umstellung der Unternehmensausrichtung von reiner Gewinnorientierung auf die Prinzipien der Gemeinwohlökonomie der Fall wäre.

Besonderheiten systemischer Beratung

Nach dieser kurzen und zugegebenermaßen sehr akademischen Erklärung des Systembegriffs an sich und der Art und Weise, wie man Veränderung in sozialen Systemen wie beispielsweise einer Organisation klassifizieren kann, hier noch ein paar Worte zur systemischen Beratung. Auch hier ist es nicht das Ansinnen dieses Buchs, zu sehr ins Detail zu gehen, denn es gibt reichlich gute Literatur dazu. Nur so viel: Der systemische Zugang hat zwei grundlegende Eigenschaften, die ihn von anderen Beratungsmodellen unterscheidet.

Das ist zum einen der **Kontextbezug**. Eine Einzelperson oder eine Gruppe wird nicht isoliert betrachtet, sondern als Teil des sozialen Systems, in dem sie sich bewegt. Die systemische Beratung sieht zwar den einzelnen Puzzlestein, sie beachtet immer, dass dieser ein Bestandteil eines großen Gesamtbilds ist. Sie schaut gewissermaßen aus der Vogelperspektive auf die Abhängigkeiten, die zwischen den verschiedenen Komponenten eines Systems herrschen. Außerdem werden auch die verschiedenen „Umwelten" des Systems berücksichtigt. Mit welchen äußeren Rahmenbedingungen hat es das System zu tun? Ist das System eine Organisation, dann wirken natürlich auch die Stakeholder und deren Anforderungen von außen ein.

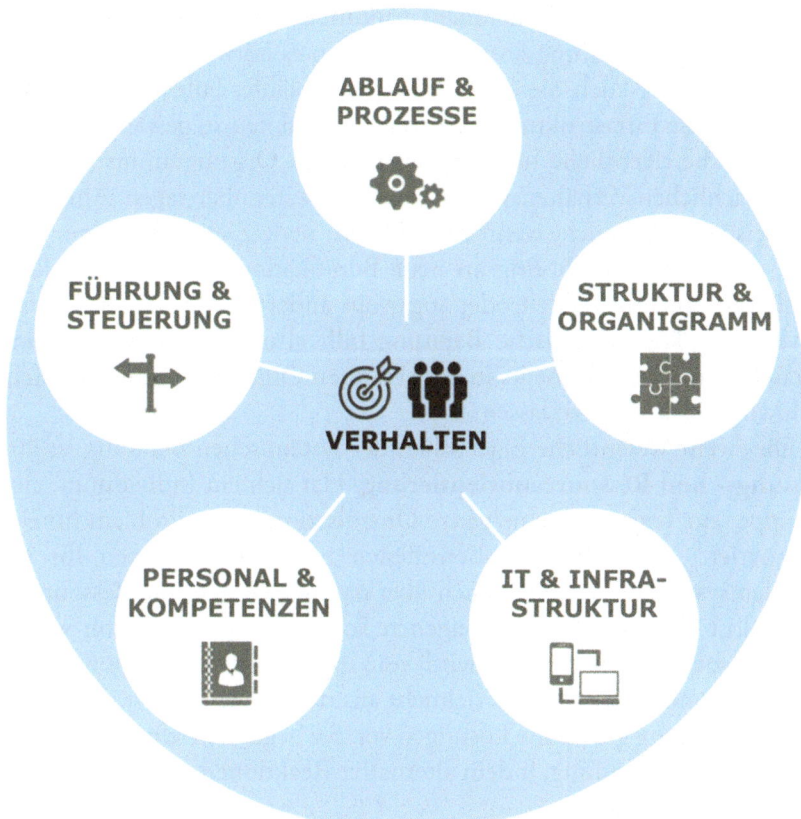

Abb. 3.1 Systemisches Organisationsmodell (© Business Design/BDI GmbH, 2020)

So sind den meisten Führungskräften in ihrer beruflichen Praxis bereits erfolglose Umstrukturierungsversuche in Organisationen untergekommen, die zwar in einem hübschen neuen Organigramm visualisiert, aber letztendlich operativ nicht wirksam wurden. Das liegt meistens daran, dass unter der neuen und aufpolierten Oberfläche die gewohnten und über längere Zeiträume eingeübten Verhaltensmuster und Abläufe einfach inoffiziell weiterbestehen. Diese Reaktion wird aber erst aus der systemischen Perspektive wirklich nachvollziehbar. Diese zeigt Zusammenhänge und Abhängigkeiten mehrerer Bereiche auf, die das Verhalten einer Organisation beeinflussen (siehe Abb. 3.1).

Sollen also neue Unternehmensstrukturen wirklich greifen, so zeigt der systemische Beratungsansatz klar, warum es notwendig ist, zum Beispiel gleichzeitig auch die entsprechenden Abläufe, Führungsprinzipien oder sogar die Infrastruktur zu überdenken und neu zu gestalten. Nur so lässt sich die eigentliche Intention eines neuen Organigramms auch auf die tatsächlichen Verhaltensweisen der Mitarbeiter übertragen. Ähnliches gilt beispielsweise auch, wenn Mitarbeitern neue Ziele vorgegeben werden, ohne dabei gleichzeitig an neue Bonifikationssysteme, zusätzliche Ausbildungsmöglichkeiten oder sogar ein anderes Führungsverständnis zu denken. Die systemische Beratung hilft also dabei, Absichten und Strategien des Managements in der gesamten Organisation auch tatsächlich wirksam werden zu lassen.

Die zweite wesentliche Eigenschaft der systemischen Beratung ist ihre **Lösungs- und Ressourcenorientierung.** Hat sich ein Individuum, eine Gruppe, ein Team oder eine ganze Organisation in ein Problem hineinmanövriert, dann sind die Betroffenen nicht nur Experten für das Problemsystem, sie verfügen auch über das Wissen oder die Ressourcen, sich selbst gewissermaßen am eigenen Schopf aus der Situation wieder hinauszuziehen. Die Lösung wird vom Berater nicht von außen vorgegeben, sondern sie kommt vielmehr aus dem System selbst. Die systemische Beratung gibt keine Lösungen vor. Sie begleitet vielmehr den Prozess der Lösungsfindung, indem alternative Reaktionen und Handlungen erarbeitet werden.

Dieser Zugang wirkt für viele Kunden zu Beginn eines neuen Beratungsprojekts oft verstörend, da es in unserem Wirtschaftssystem noch immer eine übliche Herangehensweise ist, sich den Rat von Fachexperten einzukaufen, die für eine spezielle Problemstellung schnelle und effiziente Lösungen versprechen. Derartige Lösungen können in sozialen Systemen aber häufig gar nicht richtig umgesetzt werden, weil sie wesentliche strukturelle Elemente oder Einflussfaktoren übersehen. In unserer Beraterpraxis können wir daher viel zu oft beobachten, dass derartige Konzepte und Lösungen, die einer Organisation von außen quasi aufs Auge gedrückt werden, dann einfach wieder in der Schublade verschwinden. Geht man aber als systemischer Berater mit der Grundannahme an ein Projekt heran, dass jeder Kunde seine eigene Organisation viel besser versteht, als es ein Außenstehender jemals können wird, dann unterstützt ein derartiger Beratungsansatz die Organisationen dabei, aus sich selbst heraus ein einzigartiges Lösungssystem zu entwickeln, das für deren spezifische Rahmenbedingungen dann auch tatsächlich funktioniert und sich konkret umsetzen lässt. Derartige Projekte lösen in der Regel innerhalb einer Organisation auch einen Lerneffekt aus, denn sie festigen die Erkenntnis, dass das System selbst dazu in der Lage ist, auf Basis seiner eigenen Ressourcen passende und weitergreifende Lösungen zu finden.

In Veränderungsprozessen müssen alle Abhängigkeiten berücksichtigt werden

Soziale Systeme wie beispielsweise Organisationen bestehen aus mehreren Einzelelementen (z. B. aus mehreren Abteilungen), die sich voneinander unterscheiden und miteinander in einer veränderlichen Wechselbeziehung stehen. Das System selbst wiederum steht immer in Beziehung zu einem übergeordneten Ganzen (wie etwa Organisationen zur Wirtschaft). Um die an sie übertragenen Aufgaben erfüllen zu können, folgen soziale Systeme grundsätzlich einer **inneren Funktionslogik**, die zwar deren Fortbestand absichert, jedoch Veränderungen behindert.

Gleichzeitig stehen soziale Systeme in ständiger Wechselbeziehung mit ihrer Umwelt wie etwa ihren Kunden oder Mitbewerbern, die laufende Anpassungen einfordern. Verändern sich die Umwelten, so müssen sich soziale Systeme und deren Verhalten gleichermaßen verändern. Dabei reicht der **Veränderungsgrad** von einer einfachen Optimierung bis hin zu einem Paradigmenwechsel, also der völligen Neudefinition der eigenen Funktionslogik. Um derartige Veränderungen erfolgreich zu bewerkstelligen, muss auf diese komplexen Zusammenhänge und Wechselbeziehungen besondere Rücksicht genommen werden.

3.2 Wicked Problems – Was macht moderne Problemstellungen so boshaft?

Früher, ja früher in der „guten alten Zeit", da waren Probleme noch einfach zu verstehen und genauso einfach zu lösen: Mensch gegen Säbelzahntiger war eine simple Frage von entweder er oder ich, kämpfen oder fliehen. Doch je komplexer die Fragestellungen werden, desto schwieriger wird es gleichzeitig auch, einfache Antworten zu finden: Wie reagiere ich als Entscheidungsträger auf eine Bedrohung von außen? Ist es besser, eine aggressive Vorwärtsstrategie zu verfolgen, oder auf Rückzug zu setzen? Und wie gehe ich mit moralischen Dilemmata um? Entscheide ich, was für mich selbst das Beste ist, oder für alle anderen, nach rationalen oder nach emotionalen Kriterien? Wenn es jedoch um strategische Entwicklung, um Werte, um Kultur geht, aber auch um die Reaktion auf Unvorhergesehenes oder auf Krisensituationen dann werden Probleme und ihre Folgen schnell einmal so richtig unabschätzbar, von unzähligen Einflussfaktoren abhängig und für den Einzelnen eigentlich gar nicht mehr richtig zu bewältigen. Genau mit solchen Problemen haben wir es in unserer modernen Gesellschaft und Wirtschaft aber laufend und in immer schnellerer Abfolge zu tun.

Unter dem Schlagwort „Wicked Problems" versteht die gängige Managementliteratur soziale, kulturelle oder organisationale Probleme, die in ihrer Art neu und einzigartig sind (Churchman 1967). Das wunderbare englische Wort „wicked" bedeutet dabei so viel wie boshaft, fies, gemein oder verzwickt. Derartige Problemstellungen folgen keinem linearen Ursache-Wirkungs-Mechanismus. Sie entstehen vielmehr dann, wenn eine Gesellschaft oder eine Organisation vollkommen widersprüchliche, sich ständig verändernde und teilweise noch nicht einmal eindeutig formulierten Anforderungen stellt. Derartige Probleme zeichnen sich vor allem dadurch aus, dass viele unterschiedliche Personen und Interessensgruppen mit ihren jeweils eigenen Meinungen involviert sind. Wicked Problems sind aber auch deshalb so herausfordernd, weil sie große wirtschaftliche Auswirkungen haben.

Wodurch zeichnet sich ein Wicked Problem aus?
In Systemen, wie beispielsweise unserer Gesellschaft oder einem globalisierten Markt, die sich immer schneller verändern, findet sich eine Vielzahl an komplexen und systemischen Abhängigkeiten. Man braucht sich dazu nur die Ratlosigkeit der internationalen Bankenmanager während der letzten Wirtschaftskrise 2008/2009 in Erinnerung zu rufen. Selbst die anerkanntesten Experten waren nicht mehr in der Lage, sämtliche Zusammenhänge und alle möglichen Wechselwirkungen überhaupt zu erfassen, geschweige denn irgendwie in den Griff zu bekommen. Es gibt

für derartige Problemstellungen auch keine einfachen Lösungen, die entweder richtig oder falsch sind, sondern nur welche, die für das System besser oder schlechter passen.

Wicked Problems werden auch deshalb gerne als boshaft, fies oder gemein bezeichnet, weil sie sich ihrer Lösung widersetzen. Denn um eine Lösung überhaupt möglich zu machen, müsste vorher eine große Anzahl von Menschen ihr Mindset, also ihre Art und Weise zu denken und zu handeln, verändern. Denn die Haltung der Menschen zu diesem Problem war ja ursächlich für seine Entstehung verantwortlich. Wicked Problems werden also niemals endgültig „repariert", sie können maximal verbessert werden.

Für diese Verbesserungen – und das macht den Umgang mit derartigen komplexen Systemen so ungemein spannend – können jedoch selten Problembewältigungsstrategien herangezogen werden, die irgendwann in der Vergangenheit schon einmal erfolgreich waren, sondern sie müssen individuell für den jeweiligen Zusammenhang „neu erfunden" werden. Dabei ist aber außerdem noch zu beachten, dass das Lösen eines einzelnen, isoliert betrachteten Problemaspekts gerne zur Entstehung neuer Themen und Problemfelder führt und damit eine ohnehin schon kritische Gesamtsituation noch weiter verschlechtert. Das unreflektierte Drehen an bekannten Schrauben hilft also systemisch gesehen nicht weiter, sondern bewirkt letztendlich genau das Gegenteil.

Nur um eine konkrete Vorstellung davon zu bekommen, mit welcher Art von Problemen wir es hier zu tun haben: Zu den bekanntesten gesellschaftlichen Protagonisten dieser Gruppe zählen neben der sozialen Ungerechtigkeit, der Atomenergie, dem Klimawandel und der Nachhaltigkeit beispielsweise auch Terrorismus, Cybersecurity und letztendlich die COVID-19-Krise.

Verzwickte Probleme in Organisationen
In Organisationen trifft man bei der Neuentwicklung von Unternehmensstrategien oder Leitbildern bzw. bei den Herausforderungen globaler Märkte und Versorgungsketten gerne auf derartige verzwickte Lagen. Denn das Umfeld, in dem sich Unternehmen heute bewegen, und die Einflussfaktoren, die auf sie von innen und außen einwirken, ändern sich immer schneller, werden immer komplexer und undurchschaubarer

und lassen sich kaum noch langfristig vorhersehen. Eine verzwickte Lage entsteht dann, wenn eine Organisation, aber auch ganze soziale und wirtschaftliche Systeme mit ständiger Veränderung oder unerwarteten und noch nie da gewesenen Herausforderungen konfrontiert werden. Auch ist es schwer, die genauen Ursachen und Wurzeln des Problems herauszufinden, denn diese sind undurchsichtig und nicht eindeutig zuordenbar.

Wicked Problems haben immer einen sozialen Zusammenhang: Je unterschiedlicher und unvereinbarer die Standpunkte oder die Wertehaltungen der betroffenen Stakeholder sind, desto fieser stellt sich die Lage dar. Bei der Entwicklung von Lösungen für verzwickte Problemstellungen sind also nicht nur die Anforderungen an die rein technische Machbarkeit der Herangehensweise zu berücksichtigen. Es ist vielmehr die soziale Komplexität der Interessensvielfalt, die eine Herausforderung „wicked" macht. Denn die Meinungen, Haltungen, Angewohnheiten und Glaubenssätze der betroffenen Menschen sind Teil des Problems. Entscheidungträger raufen sich bei derartigen Herausforderungen die Haare, denn von welcher Seite auch immer man die Angelegenheit betrachtet, es drängt sich keine eindeutige und „richtige" Lösung auf. Erkennbar sind solche Situationen an einigen charakteristischen Symptomen: Verwirrung, Unklarheit, Meinungsverschiedenheiten, Konflikte und fehlender Fortschritt.

Was braucht es zur Lösung?

Das einzigartige an Lösungsansätzen für die Behebung eines Wicked Problems ist, dass bekannte und in der Vergangenheit erfolgreiche Bewältigungsstrategien nicht greifen. Lösungen, die heute passen, sind für die zukünftige Entwicklung des Unternehmens womöglich völlig ungeeignet, was in einem Markt funktioniert, ist für einen anderen total unbrauchbar. Daher müssen für derartige Themen völlig neuartige Denkansätze gefunden werden. Hier ist demnach ein „Über-den-Tellerrand-Hinausschauen", oder um es mit oft bemühten englischen Worten auszudrücken, ein „Out-of-the-box-Denken" erforderlich. Radikal anders, radikal neu, an die spezifischen Herausforderungen in einzigartiger Weise angepasst und systemisch aufgesetzt, so müssen derartige Lösungen sein. Für „fiese Probleme" existieren nämlich keine Stop-Mechanismen. Das

bedeutet, wenn man sie nicht sofort konsequent angeht, dann verschwinden sie nicht von allein, sondern sie werden tendenziell immer
schlimmer. Daher können Lösungen nicht langwierig durch Versuch und
Irrtum ermittelt werden, dazu ist das Problem entweder zu schwer-
wiegend oder zeitlich drängend. Es gibt also nur einen Versuch und der
sollte passen.

Charakteristische Eigenschaft eines **Wicked Problems** ist, dass ein derartiges Thema immer selbst das Symptom einer anderen oder übergeordneten Problemstellung ist.

Transparenz und Interdisziplinarität

Kein Wunder also, dass sich Entscheidungsträger, Manager und Führungskräfte mit dem Anspruch, derartige Herausforderungen mit ihrem
Standardwerkzeug und klassischen Entscheidungsmustern einer schnel-
len Lösung zuführen zu müssen, völlig überfordert fühlen. Wicked Problems können nämlich in ihrer Komplexität unmöglich von einer Person
allein bewältigt werden. Es braucht ein funktionierendes Netzwerk von
Menschen mit möglichst unterschiedlichem Know-how und Betroffen-
heitsgrad, um auf dezentralisiertes und verteiltes Wissen zuzugreifen.
Und damit derart unterschiedliche Menschen gut zusammenarbeiten
können, ist eine gemeinsame Basis notwendig: absolute Transparenz.
Jedem muss klar sein, wo der andere steht. Dafür braucht es Transparenz
in Bezug auf die Absichten und die persönliche Agenda der beteiligten
Personen, Transparenz bei der Gestaltung des Prozesses und vor allem ein
klares Lösungsbild. Denn nur unter transparenten Rahmenbedingungen
kann das wechselseitige Vertrauen entstehen, das die Grundvoraussetzung
für eine konstruktive und kreative Zusammenarbeit ist.

Gewohnte lineare Problemlösungsansätze greifen in sozialen Systemen nicht

In Zeiten steigender systemischer Abhängigkeiten und weit auseinander-
klaffender Interessenslagen werden auch die Aufgabenstellungen in Organisationen immer verzwickter. Es treffen widersprüchliche, sich ständig

verändernde und teilweise nicht eindeutig formulierte Anforderungen aufeinander. **Wicked Problems** folgen nicht mehr gewohnten, linearen
Ursache-Wirkungs-Mechanismen, sondern werden durch die Komplexität
sozialer Systeme bestimmt. Für derartige Aufgabenstellungen lässt sich
keine eindeutige und „richtige" Lösung mehr festmachen. Damit lassen sie
sich auch nicht mehr so leicht beheben und wehren sich noch dazu gegen
jeglichen einfachen Lösungsansatz. Zu ihrer Bearbeitung braucht es völlig
neue Denk- und Handlungsmuster, einen systemischen Lösungsprozess und
ein Netzwerk von Menschen mit unterschiedlichem Know-how und Be-
troffenheitsgrad. Denn die Meinungen, Haltungen, Angewohnheiten und
Glaubenssätze der betroffenen Menschen sind gleichermaßen Teil des Problems wie auch der Lösung.

3.3   Wenn sich ein soziales System wehrt

Wir haben zu Beginn dieses Kapitels den schönen Begriff der „Systemabwehr" erwähnt, zu der es dann kommt, wenn Organisationen gegen Veränderung mit Widerstand reagieren. Die beiden Universitätsprofessoren
für Gruppendynamik Peter Heintel und Ewald Krainz haben sich bereits
mit der Abwehrhaltung von Organisationen beschäftigt, als der Begriff
Changemanagement noch kein Buzzword war (Heintel und Krainz 1998).
Ein soziales System sträubt sich demnach mit charakteristischen Mustern
gegen Veränderungsdruck von außen, und wenn man genau hinsieht,
kann man exakt diese Reaktionen nicht nur in Organisationen, sondern
auch in unserer Gesellschaft erkennen.

Wir wollen hier in aller Kürze und sehr vereinfachend ein paar gesellschaftliche Trends beschreiben, die ein Ausdruck der Systemkrise sind
und vielfach auf kollektive Abwehrhaltungen und Selbstverkomplizierungen
in unserer Gesellschaft und Wirtschaft zurückzuführen sind:

• **Muster 1: Verleugnung**
  Der Begriff Verleugnung bedeutet in der Psychoanalyse, dass ein be-
  drohliches Stück der äußeren Wirklichkeit in seiner Bedeutung ganz
  einfach ignoriert wird. Verleugnung ist wohl die häufigste Form von
  Konfliktvermeidung, die man im täglichen Leben beobachten kann.
  Sie hat auch unterschiedliche Abstufungen und reicht vom totalen

Ausblenden einer Bedrohung bis hin zum selektiven Filtern der Wahrheit, solange, bis dabei etwas Handhabbares übrig bleibt. Ein hervorragendes Beispiel für Verleugnung als Systemabwehr innerhalb der Gesellschaft wäre das Ignorieren des Klimawandels.

• **Muster 2: Den Schuldigen suchen**
Über dieses Muster braucht man nicht allzu viel zu sagen. Dass sowohl in Organisationen als auch in unserer Gesellschaft lieber jemand gesucht wird, den man für eine Krise oder einen Fehler verantwortlich machen kann, als nach den eigentlichen Ursachen dafür zu suchen, wie es überhaupt dazu kommen konnte, ist eine gängige Praxis. Da haben bereits unzählige Manager den Kopf für Entwicklungen hinhalten müssen, die gar nicht vorhersehbar oder beherrschbar waren und die Zahl der Politiker, die ihren Job verloren haben, weil sie „die politische Verantwortung" für Dinge außerhalb ihres Einflussbereichs tragen mussten, ist ebenfalls Legion.

• **Muster 3: Schicksalsergebenheit**
Noch viel einfacher ist es allerdings, mit einem klassischen „Da kann man halt nichts machen" die Schultern zu zucken und nichts zu tun. Viele Organisationen reagieren auf Veränderungsdruck oder Krisen mit einem Totstellreflex. Ohnmachtsgefühle, Resignation und Planlosigkeit sind äußere Zeichen, dass sich ein soziales System in die Passivität zurückgezogen hat und die eigene Handlungsunfähigkeit auf unbeeinflussbare äußere Umstände oder auf Sachzwänge schiebt. Möglichkeiten zur aktiven Gestaltung werden nicht nur nicht wahrgenommen, sondern als Bürde oder Last entweder bewusst oder unbewusst abgelehnt. Oft hören wir an dieser Stelle, den guten alten Klassiker: „Das war bei uns schon immer so!" und dann noch die Erklärung, dass eine Veränderung zum jetzigen Zeitpunkt womöglich noch katastrophalere Folgen für das bestehende Geschäft oder andere Bereiche im Unternehmen haben würde. Juristen, Finanzmanager, Produktionsleiter und Qualitätsmanager – nur so als Beispiel – haben gleich unzählige wohldurchdachte Argumente bei der Hand, warum es trotz aller schlechten Einflüsse von außen schon gut ist, dass „alles so ist, wie es ist".

- **Muster 4: Aktionismus**
  Frei nach dem Motto: „Wir wissen zwar nicht wo es hingeht, aber dafür sind wir schneller dort!". Und damit ist beinahe schon alles gesagt. Um sich mit den eigentlichen Konflikten und Problemstellungen nicht auseinandersetzen zu müssen und sich der genauen Analyse einer vielleicht auch emotional bedrohlichen Lage zu entziehen, werden völlig hektisch und unter Aufbau eines enormen Zeitdrucks ganze Organisationen mit Maßnahmen beschäftigt, die nichts zur Lösung beitragen. Hauptsache, alle haben etwas zu tun. Typische Beispiele dafür finden sich in der Bewältigung der Bankenkrise, in der sich Regierungen darin überboten haben, „Rettungsschirme" aufzuspannen, anstatt sich der Behebung der Ursachen – in Form unkontrolliert handelnder Finanzmärkte – zu widmen.

Alle diese Erkenntnisse sind ja nicht mehr neu. Im Gegenteil: Dass soziale Systeme veränderungsresistent sind und welche Formen der Abwehrhaltung es gibt, das haben Heintel und Krainz bereits Anfang der 1990er-Jahre im Detail beschrieben (Heintel und Krainz 1994). Sie haben damals schon erkannt, dass traditionell hierarchisch organisierte soziale Systeme völlig ungeeignet sind, um lösungsorientiert mit komplexen und veränderlichen Situationen umzugehen (Heintel und Krainz 2015). Irgendwie ist es besorgniserregend und fast schon beschämend, wie viel man vor mittlerweile 30 Jahren schon erkannt und gewusst hat, wie viele schlaue Ansätze es damals schon gegeben hat und wie wenig sich im Management und in der Führung von Organisationen inzwischen verändert hat. Veränderung – und das liegt wohl in der Natur des Menschen – findet offensichtlich nur dann statt, wenn das Problem so richtig weh tut.

> **Veränderungen benötigen ein gemeinsames Problemverständnis**
>
> Ebenso wie verzwickte Probleme entziehen sich auch die ihnen zugrunde liegenden sozialen Systeme gerne jeglicher Veränderung. Dieses beständige Abwehrverhalten kennen wir aus unzähligen Veränderungsprozessen, denen sich Organisationen unterziehen, wenn sie sich an neue Anforderungen anpassen müssen. Dabei können wir vier unterschiedliche Arten der **Systemabwehr** festmachen, deren Ziel aber immer dasselbe ist: sich der Veränderung mit Argumenten von „Das war schon immer so!" bis „Da kann man halt nichts machen!" oder mit blindem Aktionismus und der

Suche nach Schuldigen so lange wie möglich zu entziehen. Es ist daher wenig überraschend, wie schwer es Führungskräften fällt, ihre Organisation weiterzuentwickeln. Es scheint dazu ein gewisser subjektiv empfundener Leidensdruck, ein gemeinsames Problemverständnis in einer Organisation notwendig zu sein, Dieses lässt sich aber leicht herstellen, wenn alle Betroffenen während der Analysephase miteinbezogen werden.

3.4   Wie man ein totes Pferd reitet

„Das Gegenteil von gut ist gut gemeint."
Kurt Tucholsky zugeschrieben, Deutscher Journalist und Schriftsteller (1890–1935)

Wir haben zu Beginn dieses Kapitels von den drei verschiedenen Formen des Wandels in Organisationen gesprochen. Die häufigste Form der Veränderung, der wir in unserem Wirtschaftssystem begegnen, ist der Wandel erster Ordnung: die Optimierung bestehender Prozesse. Das hat zugegebenermaßen auch recht lange gut funktioniert, wie das altbewährte Toyota-Produktionssystem (Ohno 1988) oder die darauf aufbauenden Denkprinzipien des Lean Management. Doch für aktuelle Problemstellungen, die nicht nur systemischer Natur sind, sondern eine richtig „boshafte" Komplexität zeigen, reichen derart eindimensionale Anpassungsversuche einfach nicht mehr aus. Da wird vergeblich versucht, mit altbewährten und in unseren Ausbildungssystemen noch immer als Goldstandard behandelten Methoden an den Effizienzschrauben zu drehen, um ein Unternehmen wettbewerbsfähig zu erhalten. Doch diese Optimierungsmethoden zeigen nicht mehr die erwünschten Hebeleffekte. Es ist, als ob man versucht, sich mit einem Pferd effizienter weiterzubewegen, indem man ihm ein hübsches neues Zaumzeug und einen aerodynamisch perfektionierten Sattel anlegt und dabei völlig ignoriert, dass es bereits tot ist.

3.4.1   Effizienz – Der Tanz um das goldene Kalb

Effizienz ist eines der Basisprinzipien einer kapitalistisch orientierten Marktwirtschaft. Es ist ein nach objektivierbaren Kriterien messbares Konzept, bei dem versucht wird, mithilfe eines bestimmten Input in ein System den maximal erreichbaren Output im Sinne eines erwünschten Ergebnisses zu erzeugen. Dabei ist das Ziel, auf dem Weg zu diesem Ergebnis möglichst wenig Verluste zu erleiden, wobei dieser Verlust verschiedene Formen annehmen kann, beispielsweise Ausschuss, ein zu hoher Einsatz von finanziellen Mitteln oder materiellen Ressourcen, aber auch von unnötigem Aufwand und menschlicher Arbeitskraft. Dieses Konzept ist ja prinzipiell eine hervorragende Idee und per se auch nichts Schlechtes. Es hat uns, im Gegenteil, gerade bei der Fertigung oder Verteilung von Gütern einen Grad an automatisierter Produktivität gebracht, der seinesgleichen sucht. Jeder, der seine Nase einmal in ein voll automatisiertes Distributionslager in der Paketlogistik oder in die softwaregesteuerten Produktionsstraßen der großen Automobilhersteller gesteckt hat, kommt so schnell nicht mehr aus dem ehrfurchtsvollen Staunen über die technologischen Errungenschaften heraus, die uns die konsequente Umsetzung des Effizienzprinzips beschert hat.

Das erfolgreiche Drehen an der Stellschraube „Effizienz" hat in mechanistischen Systemen wie der fertigenden Industrie Großartiges geleistet. Geht es jedoch um soziale Systeme, kommt das Effizienzprinzip schnell an seine Grenzen. Menschen – und das hat der bekannte Kybernetiker und Mitbegründer der systemischen Denkweise Heinz von Förster treffend beschrieben – funktionieren nicht nach simplen mechanistischen Prinzipien. Sie sind vielmehr nicht-triviale Maschinen (von Förster 1973). Nur weil ein soziales System einen bestimmten Input erhält, heißt das noch lange nicht, dass es in Folge auch zwangsweise den erwünschten oder erwarteten Output liefert. Denn was sich in der sogenannten „Black Box" zwischen Input und Output in einem Menschen oder in einem sozialen System alles abspielt, ist undurchschaubar und in gewisser Weise auch unberechenbar.

Wenden wir diese Erkenntnis auf Organisationen an, dann kann man gut erkennen, wo wir bei der unreflektierten Huldigung der Effizienz als

Lösung für alle unternehmerischen Herausforderungen falsch abgebogen sind. Legt man, wie das in unserer Wirtschaft üblich ist und ihrer Funktionslogik entspricht, nämlich Wirtschaftlichkeit im Sinne der „Profitmaximierung" als wesentlichstes Output-Kriterium an, dann macht die gängige Lehrmeinung „Effizienzoptimierung" zum anerkannten Allheilmittel. Das hat auch viele Jahre gut funktioniert, nur wurde die Effizienz-Stellschraube überdreht, weil sie von einer sinnbringenden Haltung zu einem rigiden und kaum hinterfragten Dogma, ja sogar zu einem gesellschaftlichen akzeptieren und in jeder Krisensituation reflexartig angewendeten Grundprinzip wurde. Ganze Organisationen wurden unter diesem Aspekt ausgequetscht, sind mittlerweile so „schlank", dass sie der leiseste Gegenwind oder die kleinste Störung bereits aus dem Gleichgewicht bringen.

Denn in sozialen Systemen ist die Effizienz als alleiniges und sehr eindimensionales Kriterium und vor allem als Antwort auf komplexe und unvorhergesehene Problemstellungen fehl am Platz. Hier geht es nämlich nicht um das perfekte Input-Output-Verhältnis, sondern viel mehr um langfristige Wirksamkeit.

> Das organisationale Zauberwort ist „Effektivität", das Verhältnis zwischen vorab definierten Zielvorgaben zu den tatsächlich erreichten Zielen.

Im Gegensatz zur Effizienz spielt bei der Effektivität auch die Qualität der Zielerreichung eine große Rolle. Reden wir von der Effektivität eines sozialen Systems, dann befinden wir uns mitten drinnen in der menschlichen „Black Box", denn sie wird auch von vielen „weichen" Faktoren beeinflusst: den strategischen, strukturellen, personellen und kulturellen Rahmenbedingungen, die man in Organisationen vorfindet.

3.4.2 Regeln, Regeln und noch mehr Regeln

Die Systemtheorie ordnet Regeln in sozialen Systemen eine bedeutende Aufgabe zu: Sie steuern soziales Handeln und geben Anweisungen über erwünschtes Verhalten. Indem sie die Menge aller möglichen Verhaltens-

muster auf eine überschaubare Anzahl an gewünschten Optionen ein-
schränken, dienen sie der Vereinfachung und reduzieren so die Komplexität. Gleichzeitig erleichtern sie aber dadurch, dass sie ein Set von
bevorzugten Handlungsweisen vorgeben, in schwierigen Situationen die
Entscheidungsfindung. Das wiederum gibt denjenigen, die innerhalb dieses Systems Entscheidungen treffen müssen, einerseits ein größeres Gefühl
von Sicherheit (Unsicherheitsreduktion) und steigert andererseits ihre Effizienz bei der Entwicklung von Lösungen. Werden Regeln in einem System erfolgreich angewendet, so stellen sie auch einen Erfahrungswert dar.
Dadurch erfüllen sie eine „Speicherfunktion" und werden zu einer Form
von kollektivem Gedächtnis oder einer Art Wissensdatenbank der Organisation, aus der Neuankömmlinge etwas lernen können.

Moderne Organisationen, in denen beispielsweise ein Produkt gefertigt oder eine Dienstleistung angeboten wird, funktionieren für ge-
wöhnlich arbeitsteilig. Das heißt, sie bestehen aus verschiedenen Unter-
systemen, die jeweils eine bestimmte, ihnen zugewiesene Aufgabe
erfüllen. Um die Kooperation und Koordination der einzelnen Funktions-
bereiche zu strukturieren und Informationsflüsse sicherzustellen, sind
Regeln notwendig. Derartige Regelsysteme dienen den in einem sozialen
System arbeitenden Menschen als Orientierungshilfe und sollen gewähr-
leisten, dass jeder Teilbereich nicht nur seine Position und Funktion in
der großen Gesamtorganisation kennt, sondern auch weiß, welche Leistung er dafür zu erbringen hat und welche Voraussetzungen er erwarten
darf. Über diese ursprüngliche strukturgebende Aufgabe sind Regeln
mittlerweile bereits weit hinausgewachsen. Selbstverständlich findet man
in unseren Organisationen noch immer derartige Regelungen, Gebote
und Verbote, die in unserer modernen Wirtschaftssprache „Prozess" und
„Prozessbeschreibungen" genannt werden.

Soweit, so gut. Was lernen wir daraus? Regeln sind prinzipiell gut,
sinnvoll und auch notwendig. Doch jetzt kommt das große ABER. Denn
Regeln haben inzwischen eine über ihre ursprüngliche Funktion hinausgehende zusätzliche Aufgabe übernommen. Sie sollen das Vertrauen der
Kunden in ein Unternehmen oder in eine ganze Branche bzw. auf einer
übergeordneten Ebene das Vertrauen der Gesellschaft in das Wirtschaftssystem sicherstellen. Konsumenten sollen aufgrund gewisser Regel-Zerti-

fikate – das bekannteste Beispiel in diesem Zusammenhang ist sicherlich das ISO9000-Quality-Management – in die Qualität eines Produkts oder, aufgrund veröffentlichter CSR-Regelungen, in die ethische Grundhaltung eines Unternehmens und in dessen verantwortungsvollen Umgang mit allen Stakeholdern vertrauen können. Nationalstaaten wiederum sollen anhand von Finanzmarktregulierungen darauf vertrauen können, dass sich Banken nicht in eine finanzielle Schieflage bringen.

Dieses Bedürfnis unserer Gesellschaft nach einer Rundumabsicherung gegen möglichst viele verschiedene Risiken hat nicht nur Rechtsexperten reich gemacht, sondern obendrein zu einer Fülle an weiteren Regeln und Regelungen geführt, die für Außenstehende weder überschaubar noch in ihrer Sinnhaftigkeit im Detail erkennbar sind. Damit hat das Regelsystem eine gewisse Eigendynamik entwickelt und Detailregeln entworfen, die teilweise für sich genommen weder eine konkrete Aussage treffen noch einen konkreten Bezugsrahmen haben und dadurch genau das Gegenteil ihrer ursprünglichen Intention erreichen: Sie führen zu massiver Verunsicherung. Genauso wie uns kollektiv das Effizienzparadigma entglitten ist (wie wir es im Detail im vorangegangenen Kapitel beschrieben haben), hat auch unsere Regel-Hörigkeit mittlerweile eher lähmende als förderliche Ausmaße angenommen. Wir machen uns unsere Organisationen selbst immer komplizierter und gehen in Regeln und deren Kontrolle unter. Denn ein System, das hauptsächlich mit sich selbst und seinen eigenen Kontrollsystemen beschäftigt ist, kann seine eigentliche Aufgabe kaum mehr richtig erfüllen.

Wir sind mittlerweile sogar so weit gegangen, dass wir neue Organisationen oder Institutionen geschaffen haben, deren alleinige Existenzberechtigung es ist, der von uns selbst eingeführten Regelflut wieder irgendeine Form von Sinn zu geben. Derartigen Absicherungsmechanismen begegnet man sowohl auf unternehmerischer als auch auf gesellschaftspolitischer Ebene. Denn damit Regeln tatsächlich Vertrauen schaffen können, muss ihre Einhaltung auch kontrolliert werden. Auf Unternehmensebene braucht es dazu entweder außenstehende, vermeintlich unabhängige und damit vertrauenswürdige Kontrollinstanzen (wie beispielsweise den TÜV) oder auch unternehmensinterne Instanzen (wie beispielsweise Qualitäts- oder CSR-Stabsstellen), die direkt an die Geschäftsleitung angeschlossen sind bzw. die interne Revision, die in Konzernen sogar über der jeweiligen Geschäftsleitung steht.

Als Konsumenten verdanken wir der angsteinflößenden Unüberschaubarkeit der globalen Wirtschaft eine Vielzahl von Institutionen (mit einer noch größeren Menge an Qualitätssiegeln), deren Aufgabe zwar die Einhaltung von Regeln ist, die aber über ihre Kontrollfunktion hinausgehend auch noch als eine Art Schiedsrichter zwischen Konsument und Wirtschaft wirken. Offensichtlich ist es bequemer, die Einhaltung von Regeln an Institutionen abzugeben, als den eigenen Menschenverstand einzuschalten. Statt sich selbst eine eigene Meinung zu einem neuen Angebot oder Produkt zu bilden und damit eine eigene „Vertrauensbasis" zu entwickeln, leben wir als Konsumenten mit einer systemisch tief verankerten Entmündigung. Denn alles, was ein Qualitätssiegel oder irgendeine Auszeichnung trägt, muss natürlich automatisch „besser" sein und die Anzahl der Personen und Spezialisten, die dieses System der Regeln verstehen und beherrschen – die sogenannten Experten – wird immer größer. Damit dreht sich die Spirale der Entstehung von neuen Regeln und Regelorganisationen unaufhörlich und immer schneller weiter, ohne dass dabei für den Einzelnen ein deutlich erkennbarer Fortschritt erzielt wird.

3.4.3 Zu Tode optimiert ist auch gestorben

Zur Erinnerung: Ein soziales System, auf das Druck von außen ausgeübt wird, beginnt sich zur Sicherung seiner eigenen Existenz an diesen anzupassen. Die erste Reaktion des Systems ist dabei, seine internen Strukturen und Prozesse so zu adaptieren, dass es besser mit diesem Druck umgehen kann. Das System optimiert sich entlang der äußeren Anforderungen (Wandel 1. Ordnung). In unserem kapitalistisch ausgelegten Wirtschaftssystem ist dieser äußere Überlebensdruck finanzieller Natur. Und da sich Organisationen gegen Veränderung (Wandel 2. Ordnung) und Transformation (Wandel 3. Ordnung) mit ausgeprägtem Widerstand zur Wehr setzen, hat man die einfacheren Optimierungsmechanismen beinahe schon zu einer Kunstform erhoben.

Das oberste Gesetz, gewissermaßen der heilige Gral der Betriebswirtschaftslehre, verlangt von Organisationen, ihre Kosten beständig zu senken. Denn nur die Kosten eines Unternehmens verhindern satte Gewinne und hohe Renditen für das eingesetzte Kapital. Das wirtschaftlich optimal geführte Unternehmen hat am besten gar keine Aufwände oder zumindest sind sie so gering wie möglich. Diese Haltung – und damit wären wir bei einem Paradebeispiel für eine unglückselige Eigendynamik – hat sich in den letzten Jahrzehnten zur obersten und teilweise einzigen Maxime unternehmerischen Handelns entwickelt. Es ist weder das hochqualitative Produkt oder der exzellente Service, der für den Unternehmensgewinn verantwortlich gemacht wird, sondern die optimale Kostenstruktur. Unternehmen optimieren sich teilweise bis zur Unkenntnis ihrer eigenen Wertschöpfung.

So wichtig es für eine Organisation auch ist, die Kostenstruktur möglichst schlank zu halten, setzt sich glücklicherweise die Erkenntnis durch, dass die reine Kostenoptimierung allein das wirtschaftliche Überleben nicht sichern kann. Ein unreflektiertes „Zuviel" davon ist sogar völlig kontraproduktiv. Damit werden neue Kernaufgaben wie die Kundenzufriedenheit und der Kundennutzen zu einem wichtigen Teil der Managementagenda. Beim genaueren Hinsehen ist diese Haltung allerdings noch nicht so richtig bis ins allgemeine Bewusstsein vorgedrungen und entsprechende Maßnahmen werden nur zögerlich und oft ohne Auswirkung auf die eigene Organisation umgesetzt. Kostenoptimieren fällt scheinbar leichter, was sicherlich damit zu tun hat, dass Unternehmen über viele Jahre hinweg auf das Stellen dieser Schraube konditioniert wurden. Das Ausarbeiten und Umsetzen von entsprechenden Sparprogrammen oder Restrukturierungen entspricht dem kleinen Management-Einmaleins und beschäftigt nebenbei Heerscharen von Unternehmensberatern und -sanierern. Auch wenn mit derartigen Maßnahmen massiv in die Aufbau- und Ablauforganisationen eingegriffen wird, werden sie mittlerweile nicht nur innerbetrieblich akzeptiert, sondern von der Mannschaft beinahe schon erwartet – eine systemimmanente Handlung also. Der kollektiv akzeptierte Mindset geht mittlerweile sogar so weit, dass sich auch die Leiter und Lenker in der Politik von dieser universell anwendbaren Erfolgsstrategie ihr Scheibchen abschneiden wollen und mit großer Begeisterung immer ausgeklügeltere Kostensparprogramme für die öffentliche Verwaltung erfinden. Meistens werden sie dafür von den Medien und der Gesellschaft auch noch gelobt.

Diese unwidersprochene gesellschaftspolitische Akzeptanz des Optimierungsparadigmas führt, wie es die systemische Beratung so schön bildhaft ausdrückt, zu einer selbsterfüllenden Prophezeiung. Solange „das System Wirtschaft" die laufende Kostenoptimierung nicht nur fordert, sondern auch fördert, indem für die verantwortlichen Manager mit ihren Bonifikationen auch entsprechende Belohnungsmechanismen üblich sind, werden die Pferde zwar immer schlanker, aber nicht schneller oder wendiger – wie es den neuen Anforderungen der Märkte entsprechen würde.

Bestehende Managementkonzepte greifen nicht mehr

Nachdem sich Organisationen beständig gegen jegliche Veränderung wehren, greifen viele Manager stattdessen lieber auf altbewährte Prinzipien zurück. Bisher erfolgreiche Konzepte werden immer weiter ausgereizt. Mit dem Versuch, Organisationen noch effizienter zu gestalten und noch weiter zu optimieren, reiten sie aber schon lange ein **totes Pferd**. Wir beobachten, dass die dazu notwendigen Aufwände in keinem sinnvollen Verhältnis mehr zu den erreichbaren Ergebnissen stehen. Noch dazu sind die dadurch entstandenen Kollateralschäden enorm. Ein gutes Beispiel dafür sind Unternehmen, die bis zur Unkenntnis ihrer eigenen Wertschöpfung totgespart wurden. Dasselbe gilt für die Einführung ständig neuer Regelungen und die Gründung von Organisationen, die nur dazu da sind, diese neuen Regeln zu überwachen. Das mag vielleicht für viele Dekaden ein durchaus erfolgreiches Konzept gewesen sein, allerdings lässt seine Wirkung deutlich sichtbar und spürbar nach. Wir merken, dass ein Mehr an Regelungen kein faktisches Mehr an Sicherheit mehr bringt. Zeit also, sich endgültig von diesen Konzepten zu lösen und die Energie und Aufmerksamkeit in eine neue Richtung zu lenken.

Literatur

Churchman, C. W. (1967). Wicked Problems. *Management Science, 14*(4), B-141f.
von Förster, H. (1973). *Cybernetics of cybernetics, the control of control and the communication of communication.* Minneapolis: Future Systems Inc.
Heintel, P. (1993). Systemtranszendenz und die Steuerung von Systemen. *Klagenfurter Beiträge zur Technikdiskussion,* Heft 94. ISSN 1028-2734.

Heintel, P., & Krainz, E. (1994). Was bedeutet Systemabwehr? In K. Götz (Hrsg.), *Theoretische Zumutungen. Vom Nutzen der systemischen Theorie für die Managementpraxis* (S. 160–193). Heidelberg: Carl-Auer-Systeme.

Heintel, P., & Krainz, E. (1998). Veränderungswiderstand von Organisationen. In V. Dalheimer, E. Krainz & M. Oswald (Hrsg.), *Change Management auf Biegen und Brechen? – Revolutionäre und evolutionäre Strategien der Organisationsveränderung* (S. 201 ff.). Wiesbaden: Gabler.

Heintel, P., & Krainz, E. (2015). *Projektmanagement. Hierarchiekrise, Systemabwehr, Komplexitätsbewältigung* (6 Ausg.). Wiesbaden: Springer Gabler.

Janes, A., Prammer, K., & Schulte-Derne, M. (2001). *Transformationsmanagement – Organisationen von Innen verändern.* Wien: Springer.

Luhmann, N. (1987). *Soziale Systeme.* Berlin: Suhrkamp.

Ohno, T. (1988). *Toyota production system: Beyond large-scale production (English translation ed.).* Portland: Productivity Press.

Parsons, T. (1951). *The social system.* London: Routledge.

4

Wir wagen einen Blick in die Zukunft

„You never change things by fighting the existing reality.
To change something, build a new model that makes the existing model
obsolete. "

R. Buckminster Fuller, Amerikanischer Architekt und Systemtheoretiker
(1895–1983)

Betrachten wir Unternehmen und andere Organisationen durch die systemische Brille – wie wir das berufsbedingt meistens tun – und entdecken dabei viele tote Pferde, verzwickte Probleme und ein offensichtlich auslaufendes Wirtschaftsmodell, dann wollen wir uns jetzt nicht weiter in die Erforschung der vielfältigen Ursachen vergraben, sondern uns lieber auf die Suche nach einem neuen Lösungssystem begeben. Wie könnte die nächste Stufe einer wirtschaftlichen und gesellschaftlichen Entwicklung aussehen, die uns aus der Sackgasse des Altbewährten herausführt? Mit welchen Mitteln können wir unser Wirtschaftssystem auf eine neue Ebene heben und eine neue Dimension des Wachstums erschließen? Und vor allem, wie kann so etwas dann in der unternehmerischen Praxis aussehen?

© Der/die Autor(en), exklusiv lizenziert durch Springer-Verlag GmbH, DE, ein Teil
von Springer Nature 2021
A. Kossik, K. Hitschmann, *Die sozioökonomische Transformation*,
https://doi.org/10.1007/978-3-662-62950-5_4

In diesem Zusammenhang sei vorausgeschickt, dass wir uns schon seit über 20 Jahren mit praktischen Lösungsansätzen beschäftigen, die weit über die gängigen und in beinahe allen konventionellen Wirtschaftsausbildungen bis heute als Goldstandard vermittelten Ansätze hinausgehen. Einige dieser lösungsorientierten Methoden fließen schon seit Langem in unsere Arbeit als Managementberater und Coaches ein, und das nicht, weil sie wissenschaftlich fundiert und anerkannt sind – im Gegenteil! Viele dieser Ansätze und Werkzeuge hätten uns noch vor wenigen Jahren den Ruf der esoterischen Spinnerei eingebracht und man hätte uns vermutlich jegliche wirtschaftliche Seriosität abgesprochen. Wir setzen diese Methoden vor allem deswegen ein, weil wir sie ausprobiert und dabei selbst praktisch erfahren haben, dass sie in einem Wirtschaftskontext gut funktionieren. Und wir haben auch gelernt, darüber einfach nicht zu sprechen. Erst in den letzten Jahren sind Begriffe wie die systemische Organisationsberatung salonfähig und unsere Methoden dadurch zumindest teilweise ansprechbar geworden.

Dessen ungeachtet hatte unserer Sammlung einzelner Lösungsansätze, die wir in dieser Form über die Jahre hinweg eingesetzt haben, aber eine richtige Struktur, ein roten Faden oder ein übergeordneter Bezugsrahmen gefehlt – wenn wir Begrifflichkeiten wie „ganzheitlich" oder „humanistisch" aus Gründen der Unschärfe einmal ausklammern wollen. Doch dann sind wir vor einigen Jahren auf die Theorie der 6. Welle gestoßen. Diese sagte unter anderem einen völlig neuartigen und noch nie dagewesenen Wirtschaftszyklus voraus. Damit begann sich für uns ein – wenn auch anfangs noch sehr unscharfes – Bild abzuzeichnen, was beispielsweise das reibungslose Zusammenspiel von Management- und Projektteams mit dem kommenden Wirtschaftsaufschwung zu tun haben könnte. Doch nicht nur wir, auch andere hatten damit begonnen, derartige Korrelationen herzustellen. Das Buch über den „Wohlstand nach der Industriegesellschaft" des deutschen Wirtschaftsjournalisten und Zukunftsforschers Erik Händeler (Händeler 2005) enthielt bereits Elemente, aus denen sich ein Zusammenhang zwischen unserer täglichen Arbeit als Managementberater und einem nachhaltigen Wirtschaftswachstum ableiten ließ.

Nach und nach konnten wir praktische Erfahrung sammeln und Sicherheit beim Einsatz neuartiger Methodensets im Management-kontext gewinnen. Parallel dazu wurden auch die wissenschaftlichen Publikationen zum prognostizierten Wirtschaftsaufschwung immer konkreter. Damit ergab sich endlich ein für uns rundes und in sich schlüssiges Gesamtbild, das unserem Praxiswissen auch einen theoretischen Bezugsrahmen gibt. Uns wurde immer klarer, dass viele unserer unorthodoxen Ansätze, mit deren Unterstützung wir unsere Beratungsprojekte überdurchschnittlich erfolgreich abschließen konnten, auch diejenigen sind, auf denen der nächste lang anhaltende Wirtschaftszyklus aufbauen wird. Aber dazu später. Wir fangen besser ganz von vorne an.

4.1 Die Wellen des Herrn Kondratjew

Wirtschaftsaufschwünge halten erfahrungsgemäß nicht ewig an, sondern werden immer wieder durch Phasen des Abschwungs unterbrochen. Der sowjetische Wirtschaftswissenschaftler Nikolai Dmitrijewitsch Kondratjew nahm in den 1920er-Jahren die ökonomischen Daten der marktwirtschaftlich orientierten Länder Westeuropas sowie der USA unter die Lupe und fand dabei heraus, dass die ständigen Auf- und Abschwünge dieser Volkswirtschaften durch lange Konjunkturwellen mit einer Dauer von 40 bis 60 Jahren überlagert werden. Basierend auf dieser Erkenntnis prognostizierte er die bald darauf eintretende Weltwirtschaftskrise Ende der 1920er-Jahre und formulierte auch die Grundlagen für den nachfolgenden Aufschwung (Kondratjew 1926). Tragischerweise hat sich in der Sowjetunion nach der Veröffentlichung seiner Forschungsergebnisse im Jahr 1926 das politisch motivierte, planwirtschaftliche Denken durchgesetzt. Dessen Doktrin postulierte, dass die kapitalistisch orientierte Marktwirtschaft endgültig zusammenbrechen und nicht wieder auferstehen würde. Sie stand damit im krassen Widerspruch zu Kondratjews Theorie der zyklischen Erholung. Diesen Paradigmenkonflikt bezahlte Kondratjew mit langjähriger Haft und letztendlich sogar mit dem Leben, nachdem er im Rahmen der „Großen Säuberung" im Jahr 1938 durch das stalinistische Regime hingerichtet wurde.

Der österreichische Ökonom Joseph Schumpeter übernahm 1939 in seinen Ausführungen über wirtschaftliche Konjunkturzyklen Kondratjews Erkenntnisse und machte diese erstmals unter der Bezeichnung „Kondratjew-Zyklen" bekannt (Schumpeter 1939).

Auch wenn Schumpeters Theorien über das Zustandekommen derartiger Zyklen nicht ganz mit den Theorien des russischen Wissenschaftlers übereinstimmen, so sorgte er mit deren Benennung jedenfalls für eine bis heute gültige Würdigung von Kondratjews Forschungsergebnissen. Dort, wo Schumpeter sogenannte „Basisinnovationen" als Auslöser langfristiger Konjunkturzyklen sieht, konnte Kondratjew innovationsinduzierte Masseninvestitionen als Grundlage für seine langen Wellen ausmachen. Der deutsche Wirtschaftswissenschaftler Gerhard Mensch wiederum hat in seinen 1973 veröffentlichten Theorien die wirtschaftliche Depression nach einer langen Welle als Voraussetzung und damit als Triebfeder für neue Basisinnovationen identifiziert (Mensch 1973). Christopher Freeman, britischer Wirtschaftswissenschaftler und Professor für Wirtschaftspolitik wiederum stellte 1982 fest, dass „Techniksysteme" (darunter versteht er die Verknüpfung mehrerer Einzelinnovationen) als Trigger für neue lange Wirtschaftszyklen dienen (Freeman 1982).

Eine Reihe prominenter Wissenschaftler vertritt bis heute Kondratjews Theorie der langen Wellen, wenn auch mit leicht unterschiedlichen Ansätzen, was die markwirtschaftliche Mechanik oder Terminologie betrifft. Das mag jetzt zwar für die Wirtschaftswissenschaften einen durchaus wesentlichen Unterschied machen, wir nehmen an dieser Stelle für uns einmal die Grundaussage mit, dass ein lang aufschwingendes Wirtschaftswachstum grundsätzlich durch Innovationen ausgelöst wird, und zwar durch solche, die nicht nur einzelne Branchen durchdringen, sondern die gesamte Volkswirtschaft. Wenn wir also von dieser zentralen Aussage ausgehen, so lässt sich erkennen, dass für die ersten fünf Wellen ausschließlich technologische Neuerungen verantwortlich waren (siehe Abb. 4.1).

Laut Schumpeter wurde mit der Erfindung der Dampfmaschine Ende des 18. Jahrhunderts der erste, lang anhaltende Wirtschaftszyklus und damit die Epoche der Industrialisierung eingeleitet. Arbeiten, die bis zu

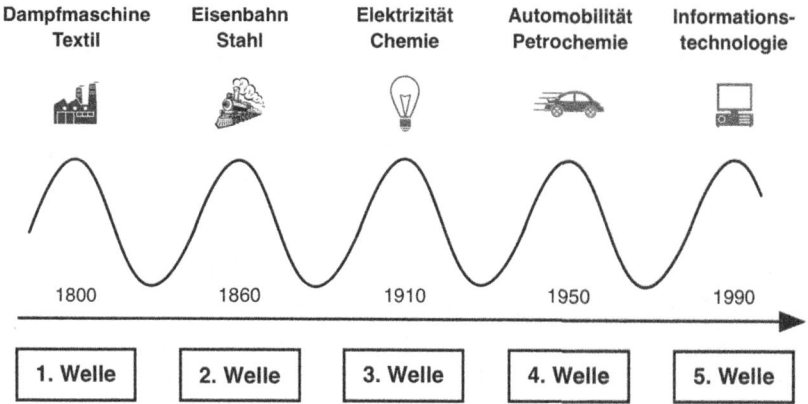

Abb. 4.1 Die langen Wellen der Konjunktur. (Eigene Darstellung in Anlehnung an Nefiodow und Nefiodow 2014)

diesem Zeitpunkt ausschließlich manuell erfolgten, konnten nun teilweise maschinell durchgeführt werden. Der wesentliche Vorteil dieser technologischen Entwicklung lag im Gewinn von Zeit, da Dampfmaschinen vor allem schwere Arbeiten rascher, ohne Ermüdung und theoretisch rund um die Uhr durchführen konnten. Es wurde also möglich, mehr Produkte in derselben Zeiteinheit herzustellen.

Da die Eisen- und Stahlindustrie ebenso von diesen neuen Möglichkeiten profitieren konnte, lieferte sie die Grundlage für den Eisenbahn- und Dampfschiffbau. Dieser stellt die Basisinnovation für die zweite industrielle Wirtschaftswelle, die sogenannte industrielle Revolution, dar. Rohmaterialien und Fertiggüter konnten nun schneller, in größeren Mengen und damit auch billiger transportiert werden. Diese Möglichkeit nutzten neben der Industrie auch viele andere Branchen und stiegen so in einen neuerlichen, lang anhaltenden Wirtschaftsaufschwung ein, der erst gegen Ende des 19. Jahrhunderts zu Ende ging.

Durch die Einführung der Elektrizität wurde anschließend die dritte Welle losgetreten. Dampfmaschinen wurden breitflächig durch kleinere und billigere Antriebe abgelöst. Damit breitete sich die Industrialisierung auch auf zusätzliche, bislang noch nicht erschlossene Branchen aus. Diesen Aufschwung hat Kondratjew noch selbst miterlebt und er konnte auf Basis seiner Datenanalyse und der daraus entwickelten Theorie der langen

Wellen den Abschwung zum Ausklang der 1920er-Jahre vorhersagen. Auch die kurz danach eintretende Weltwirtschaftskrise hat seine Theorie – zumindest in Bezug auf die damalige dritte Welle – zu Lebzeiten bestätigt.

Gleichzeitig hat Kondratjew aber auch auf Basis der Innovationen seiner Zeit bereits eine vierte Welle, die Welle der autonomen Mobilität, formuliert. Die Erschließung petrochemischer Energiequellen und die fortschreitende Entwicklung der Elektrotechnik hin zur Elektronik waren für ihn die Grundlagen einer neuen Konjunkturwelle. Die Möglichkeiten, die sich durch eine breitflächige Nutzung des Automobils, aber auch durch die Luftfahrt eröffneten, veränderten alle Wirtschaftsbereiche und lösten damit einen weltweiten, 40-jährigen Kondratjew-Zyklus aus. Waren wurden nun noch schneller und individueller ausgetauscht, die Produktivität dadurch massiv gesteigert.

Die fünfte Welle, die Welle der Informationstechnik, die uns nicht nur das Internet, sondern die Digitalisierung aller Lebensbereiche beschert hat, ist uns allen weitgehend bekannt. Aus wissenschaftlicher Sicht hat diese fünfte und bislang letzte Welle in den 1980er-Jahren ihren Aufschwung genommen und ist zwischenzeitlich schon wieder im Abklingen begriffen. Auch wenn die Vorteile der Digitalisierung noch nicht alle Bereiche unseres Lebens und Wirtschaftens erreicht haben und die Industrie nach wie vor den Möglichkeiten einer „Industrie 4.0" hinterherläuft, so sind bereits die Zeichen eines weltweiten, dauerhaften konjunturellen Abschwungs sichtbar. Eingeleitet wurde er durch das Platzen der sogenannten Dotcom-Blase im März 2000, gefolgt von der Bankenkrise 2008. Auch die Nachwirkungen der Pandemiekrise 2020 werden das ihre dazu beitragen.

Abschließend gibt es noch ein interessantes Detail zu den letzten beiden Wellen zu erwähnen: Dauerten die ersten Wellen noch 50 bis 60 Jahre, so beobachten wir bei der vierten Welle, der Automobilität, bereits einen auf 40 Jahre verkürzten Zyklus und bei der aktuellen, der Digitalisierungswelle, scheint der Zeitrahmen überhaupt nur noch etwa 20 bis 30 Jahre auszumachen. Das führt dazu, dass sich die einzelnen Wellen auch zunehmend überschneiden. Eine neue Welle beginnt also nicht erst nach abgeschlossener Depressionsphase der vorherigen, sondern startet bereits davor. Dadurch sind Depressionsphasen als Einzelereignisse auch nicht mehr so deutlich auszumachen wie früher. So wurden zum Beispiel Höchstbeschäftigungsstände in wirtschaftlich schwierigen Zeiten oder Wirtschaftsstagnation ohne echten Crash zu einer neuen Realität. Wir können also, wie auch bereits teilweise publiziert, davon ausgehen, dass wir uns derzeit nicht nur im wirtschaftlichen Abschwung der Digitalisierungswelle, sondern bereits gleichzeitig mitten im Aufschwung einer neuen, der 6. Welle, befinden.

4.1.1   Fünf Wellen erledigt

Wenn wir uns die ersten fünf Kondratjew-Zyklen im Detail ansehen, so gilt es, ein paar hilfreiche Muster und Gemeinsamkeiten hervorzuheben, um nicht nur Auf- und Abschwünge erkennen, sondern die damit einhergehenden gesellschaftlichen, wirtschaftlichen und systemischen Auswirkungen besser einschätzen zu können:

* **Zyklisches Verhalten**
  Wie bereits erwähnt, folgen diese Wellen einem bestimmten Zyklus. Dieser dauerte früher bis zu 60 Jahre, heute nur mehr 30 Jahre an und wird – wenn wir einmal bei der wissenschaftlichen Simplifizierung bleiben – immer von Basisinnovationen ausgelöst. Sämtliche wirtschaftlich guten oder schlechten Jahre, die wir erleben, können damit also entweder Teil der Auf- oder Abschwungphase innerhalb seines solchen langen Wirtschaftszyklus sein oder einfach nur ein zeitlich oder geografisch limitiert induziertes Ereignis. Durch die vorher bereits erwähnte zunehmende Überschneidung dieser Wellen treten aber bisher bei lang anhaltenden Abschwüngen messbare Effekte wie beispielsweise der Rückgang des Bruttoinlandsprodukts oder die hohen Arbeitslosenzahlen nicht mehr so eindeutig auf. Man muss sich schon komplexer Mess- und Analysemethoden bedienen, genauer hinsehen und den Verlauf einzelner Branchen im Detail unter die Lupe nehmen, um die Effekte eines Kondratjew-Zyklus tatsächlich identifizieren zu können.

- **Durchdringungsfähigkeit**

Die für einen Kondratjew-Zyklus verantwortlichen Basisinnovationen erfassen immer die gesamte Volkswirtschaft – zumindest dort, wo diese auch marktwirtschaftlich orientiert ist. Vereinzelte Brancheninnovationen oder auch „Verbesserungsinnovationen", wie Gerhard Mensch die Weiterentwicklung von Produkten beschrieben hat, reichen nicht aus, um eine lange Wirtschaftswelle auszulösen. Es bedarf auch durchaus der Bündelung mehrerer technischer Erfindungen oder Innovationen, um schlussendlich eine Basisinnovation hervorzubringen. So basiert zum Beispiel die Basisinnovation „Automobilität" auf technologischen Errungenschaften in den Bereichen Petrochemie, Stahlindustrie und Elektronik.

- **Verdichtung von Raum und Zeit**

Alle Basisinnovationen teilen eine unverkennbare Eigenschaft: Sie sind in der Lage, Raum und Zeit zu „verdichten". Durch jede einzelne Basisinnovation, angefangen von der Dampfmaschine über die Eisenbahn bis zum Internet, wurde es immer rascher möglich, von A nach B zu kommen. Die Industrie drehte sich mit jedem Kondratjew-Zyklus immer schneller. Für Personen und Güter wurde es möglich, mit jedem Zyklus immer größere Distanzen in immer kürzerer Zeit zu überbrücken. Konnte sich die Menschheit mit der Errichtung von Eisenbahnlinien im Vergleich zu bisherigen Pferdekutschen gefühlt unfassbare neue Räume erschließen, so „reisen" wir heute, 200 Jahre später, im Internet in Sekundenschnelle um den ganzen Globus.

Historisch betrachtet führten Basisinnovationen jedes Mal auch zu einer engeren sozialen Vernetzung, durch die – ebenso zyklisch – enorme Veränderungen des Gesellschaftssystems ausgelöst wurden. Durch den industriellen Buchdruck konnten aufgrund der günstigeren Herstellungsweise völlig neue Bevölkerungsschichten erreicht, informiert und weitergebildet werden. Die dadurch entstandenen politischen Erdbeben bis hin zur Gegenrevolution durch Bücherverbrennungen sind Teil unserer Geschichte. Und dann war da noch das Telefon, durch das sich Menschen erstmals über Kontinente hinweg in Echtzeit austauschen konnten, gefolgt von Radio, Fernsehen und letztlich dem Internet, das unsere globale Gesellschaft über soziale Plattformen hinweg immer enger und zusammengehöriger erscheinen lässt. Die aktuellen Auswirkungen und sozialen Bruchlinien kann man als aufmerksamer Beobachter täglich in den Medien verfolgen. Doch diese Verdichtung von Raum und Zeit wird nicht plötzlich aufhören, sondern sie wird, wie wir später noch sehen werden, weiter zunehmen.

Basisinnovation haben uns – abgesehen von allen Errungenschaften der letzten 200 Jahre – aber auch ein industrielles Erbe mit unschönen Nebenwirkungen hinterlassen. Ein verhältnismäßig großer Kollateralschaden ist dem Umstand geschuldet, dass die letzten Basisinnovationen den massiven Einsatz nicht erneuerbarer fossiler Energiequellen erforderten. Der schon seit Jahren laufende Klimadiskurs fordert hier rasche und massive Gegenmaßnahmen. Experten haben für die Zeitspanne nach 1950, also vom Höhepunkt des vierten Kondratjew-Zyklus an, ein neues Erdzeitalter ausgerufen: das „Anthropozän". Der Begriff leitet sich aus dem altgriechischen Wort für „Mensch" ab, und beschreibt ein neues Zeitalter, in dem wir als Menschheit messbar zum wichtigsten Einflussfaktor für die biologischen, geologischen und atmosphärischen Prozesse unseres Planeten geworden sind. Aus diesem Grund werden sich alle Entscheidungen, alle weiteren Entwicklungsschritte und Wirtschaftszyklen der menschlichen Rasse spürbar auf die weitere Entwicklung des Lebensraums Erde auswirken. Das ist eine große Aufgabe und eine ebenso große Herausforderung.

Aus dem systemischen Blickwinkel betrachtet bescheren uns die Nachwirkungen der Industrialisierung im täglichen Umgang mit Organisationen und Unternehmen ebenfalls ein Dilemma. Einerseits basiert unsere gesamte Basisinfrastruktur, auf der wir heute aufbauen, wie beispielsweise die Transport-, Finanz- und Energiewirtschaft, aber auch die Digitalisierung, auf den Prinzipien und Mechanismen der vergangenen Kondratjew-Zyklen und damit auf dem Zeitalter der Industrialisierung. Gleichzeitig hindern uns aber die Werte und Haltungen dieser Epoche daran, uns darüber hinausgehend weiterzuentwickeln. Konnten wir über 200 Jahre lang unser Gesellschafts- und Wirtschaftssystem mit Regel- und Prozessoptimierungen vorantreiben, so stehen wir aktuell vor einem Systembruch und Wertewandel.

Der Einsatz bestehender Fähigkeiten und Fertigkeiten aus dem Industriezeitalter ist nicht nur weitestgehend nicht mehr in der Lage, uns zu unterstützen, nein, diese Fähigkeiten und Verhaltensweisen behindern unsere Weiterentwicklung sogar massiv. Verzwickte Probleme und Aufgabenstellungen lassen sich nicht mehr mit linearen Denkweisen, Strategien und Strukturen lösen, wie sie in früheren Wellen erfolgreich eingesetzt wurden.

Es gilt also, Organisationsformen zu entwickeln, die einerseits den weiteren Betrieb dieser Basisinfrastruktur absichern, andererseits aber auch neue, systemisch komplexere Herangehensweisen ermöglichen. Wie das konkret aussehen wird, das zeigen uns die Ansätze des 6. Kondratjew-Zyklus.

4.1.2   Live dabei – Die sechste Welle

Der 6. Kondratjew-Zyklus wurde vor einigen Jahren noch als „Wellnesswelle" bezeichnet. Das ist auch aus heutiger Sicht inhaltlich nicht wirklich falsch, führte aber – gerade in Zeiten boomender Wellnesstempel, in denen auch viele Manager einen stressfreien Rückzugort suchten – zu einigen Missinterpretationen. Man war geneigt, zu vermuten, dass diese Branche ganz groß herauskommen und sich dieser Trend beispielsweise auch in Form medizinischer Gemeinschaftspraxen, in denen ganzheitliche Behandlungsansätze angeboten werden, fortsetzen wird. Der Wellnessboom allein wird uns allerdings bei all seiner Daseinsberechtigung nicht in die 6. Welle führen. Zu gering ist sein Potenzial, sämtliche Wirtschaftszweige und Gesellschaftsschichten zu durchdringen. Er hat allerdings gezeigt, dass unsere Gesellschaft zunehmend nicht nur auf ihre rein körperliche, auf biomedizinischen Errungenschaften basierende Gesundheit achtet, sondern auch nach seelischem Wohlbefinden strebt.

Nun, mittlerweile wurde die „Wellnesswelle" begrifflich abgelöst und in neueren Publikationen als „Gesundheitswelle" bezeichnet (Grimm 2004). Aber wie kam es dazu? Kondratjew konnte – bei aller Genialität – die 6. Welle natürlich unmöglich vorhersehen und beschreiben. So blieb diese Aufgabe jenen Wissenschaftlern vorbehalten, die sich nach seinem Tod eingehend mit seinen Theorien beschäftigt haben. Neben vielen der bereits zuvor namentlich erwähnten Wissenschaftlern scheint sich der deutsche Ökonom Leo A. Nefiodow schon am längsten und ausführlichsten mit der Ausgestaltung der zukünftigen 6. Welle zu beschäftigen. So erschien bereits 1996 die erste Auflage seines Buchs „Der Sechste Kondratieff" (Nefiodow und Nefiodow 2014), der bis heute zahlreiche weitere Publikationen zu diesem Thema folgten. Darin konnte Nefiodow ein schlüssiges Bild seiner Analysen zu den bisherigen Kondratjew-Zyklen zeichnen und auf diesen seine Annahmen über die Auslöser und Aspekte der 6. Welle aufbauen. Viele seiner Erkenntnisse hat er auf seiner Website www.kondratieff.net veröffentlicht, die er auch regelmäßig mit aktuellen Updates und neuen Artikeln pflegt. Daher wollen wir uns in diesem Kapitel auf eine Zusammenfassung der für uns relevanten Ableitungen zur 6. Welle beschränken.

Zur Wiederholung sei noch einmal vorausgeschickt, dass Kondratjew-Zyklen, also lange Phasen des Wirtschaftsaufschwungs, nur durch Basisinnovationen ausgelöst werden. Diese beruhen auf Erfindungen oder Neuerungen von ein oder zwei Leitindustrien. Um eine solche Basisinnovation aber von anderen Verbesserungsinnovationen unterscheiden zu können, muss sie das Potenzial besitzen, ganze Wirtschaftsketten und die Gesellschaft als solche zu reorganisieren. So hat etwa das Automobil seinerzeit nicht nur die fertigende Industrie und Dienstleistungen um ein Vielfaches beschleunigt, sondern dank einer neuen und individualisierten Form von Mobilität auch bis dahin in ihrer heutigen Form nicht existierende Branchen, wie beispielsweise den modernen Tourismus, hervorgebracht. Mit dem neuen Freiheitsgefühl, das die Menschen mit ihren neuen Autos und Krafträdern wohl empfunden haben müssen, wurden legendäre Bestseller und Filmhits gefüllt. Aus systemischer Sicht kann man von der erfolgreichen Reorganisation einer ganzen Generation sprechen.

Auch wenn es uns aufgrund der vorher beschriebenen theoretischen Grundlagen jetzt möglich ist, geeignete Basisinnovationen und Leitindustrien für die kommende 6. Welle besser einzuschätzen, so müssen wir laut Nefiodow auch noch eine weitere wesentliche Eigenschaft berücksichtigen. Um einen Kondratjew-Zyklus auszulösen, müssen Basisinnovationen nämlich auch noch dazu in der Lage sein, über viele Branchen hinweg massive Produktivitätssteigerungen zu bewirken. Und hier bietet uns Nefiodow eine einfache Suchperspektive an: Er hat herausgefunden, dass jede lange Wirtschaftswelle deswegen wieder in einen Abschwung mündet, weil sie auf eine neue Wachstumsbarriere trifft. Das Wachstum eines Kondratjew-Zyklus kann also nur solange anhalten, bis dieses Wachstum durch einen neuen Widerstand, eine neu auftauchende Barriere, gebremst wird. Nefiodow bringt hier ein Beispiel aus der ersten Welle, wo die neu entstandenen Industrien mit ihren Dampfmaschinen solange gewachsen sind, bis sie ihre Güter nicht mehr weit genug an ihr Ziel bringen konnten. Die Transportkosten mit Pferd und Pferdekutsche waren zu hoch, um Produkte in großer Stückzahl über große Distanzen abzusetzen. Das limitierte die Produktionskapazität einer Fabrik auf den verfügbaren Absatzmarkt in unmittelbarer Nähe. Mit der nachfolgenden Basisinnovation Eisenbahn und Dampfschifffahrt reduzierten sich diese Transportkosten um das 200-Fache. Dank dieser Produktivitätssteigerung im Transport waren die Fabriken nun in der Lage, ihre Produktionszahlen signifikant in die Höhe zu schrauben.

Diese Erkenntnis führte Nefiodow zu der Frage, durch welche Barrieren die letzte fünfte Welle der Digitalisierung zum Abbremsen gebracht wurde. Wo schlummern sie noch, die großen Produktivitätsreserven in der Gesellschaft? Wo wurden bislang noch Mittel vergeudet oder nicht optimal eingesetzt? Wo entsteht aktuell ein Schaden, den man vielleicht vermeiden könnte? Die Digitalisierung hat bekanntermaßen enorme Produktivitätssteigerungen ermöglicht, und das nicht nur in der Industrie, wo die Reserven bei Weitem noch nicht ausgeschöpft sind, sondern vor allem auch im Handel, wo wir heute in immer kürzerer Zeit ein Vielfaches mehr an verfügbaren Produkten erwerben können als bisher. Der aber für die Menschheit wesentlichste Fortschritt, den sie der Digitalisierungswelle zu verdanken hat, liegt in der unglaublichen Beschleunigung des Informationsaustauschs. Nicht nur Daten und Fakten sind jederzeit und weltweit beinahe an jedem Ort auf Knopfdruck verfügbar, auch Wissen – und da vor allem Spezialwissen, bisher das Gut einer privilegierten Minderheit – steht heute weltweit jedem bei Bedarf sofort und weitgehend kostenlos zur Verfügung. Wenn wir uns auf diesen Aspekt der Digitalisierungswelle fokussieren, dann lässt uns das bereits vermuten, mit welcher Art von Barriere wir es zu tun haben, die das Wachstum in diesem Zyklus abflauen hat lassen.

Wodurch wird die umfassende Nutzung des jederzeit im Internet verfügbaren Wissens eingebremst? Was verhindert den produktiven Einsatz in vielen Teilen unserer Gesellschaft? Das sind allein wir selbst! Wir, die wir vor unseren Computern, Smartphones und Tablets sitzen und nicht in der Lage sind, das dort verfügbare Wissen für uns erfolgreich, also produktivitätssteigernd, einzusetzen. Nahezu sämtliche Methoden und Grundlagen des systemischen Coachings oder der Geschäfts- und Organisationsentwicklung sind im Internet kostenlos verfügbar, nur um ein Beispiel aus unserem Arbeitsumfeld zu nennen. Gesetzestexte und Verordnungen sind im Internet ebenfalls frei zugänglich. Und dennoch wird dieses Wissen nach wie vor nur von einer kleinen Gruppe an Personen produktiv, erfolgreich und gegen hohe Honorare zum Einsatz gebracht. Erklärungsmodelle gibt es dafür viele: keine Zeit, um sich damit zu beschäftigen, keine Ausbildung, um die Inhalte richtig verstehen und bewerten zu können, kein Bedarf oder auch kein Nutzen. Daneben existieren noch althergebrachte Schutzkonzepte wie das Copyright, durch das die Verbreitung von manchem Wissen eingeschränkt wird, oder aber Schutzkonzepte von Regierungen, die den Zugang zu bestimmten Inhalten verbieten oder teilweise sogar bewusst korrumpieren und verdrehen. Wissen und Information sind heute zwar nahezu kostenlos verfügbar, der Aufwand für deren Nutzung und Umsetzung, die sogenannten „Transaktionskosten der Wissensgesellschaft", scheinen aber immer noch extrem hoch zu sein.

Nefiodow hat aber noch eine zweite Wachstumsbarriere der heutigen Zeit aufgezeigt. Er bezeichnet diese als „entropische Kosten der Gesellschaft" und subsumiert dabei sämtliche Kosten, Verluste und Schäden, die durch Krieg, Gewalt, Terror, Diebstahl, Betrug, Sabotage, Drogen, Klimawandel, Umweltzerstörung und vieles mehr entstehen. Er beziffert diese Kosten in den USA aktuell höher als deren Bruttoinlandsprodukt und folgert daraus, dass diese „soziale Unordnung" dem gesellschaftlichen und wirtschaftlichen Fortschritt die notwendigen Ressourcen entzieht. In Nefiodows eigenen Worten:

„Um die soziale Unordnung wirkungsvoll zu reduzieren genügt es nicht, neue Gesetze zu erlassen, mehr Polizisten einzustellen und noch mehr Gefängnisse zu bauen. Damit werden lediglich die Symptome behandelt. Will man die soziale Unordnung wirkungsvoll bekämpfen, dann muss man beim Menschen und seinen Defiziten, Störungen und Krankheiten ansetzen" (Nefiodow 2020).

Mit dieser Aussage schließt sich der Kreis und wir sind wieder beim Menschen und seiner Gesundheit angelangt. Und damit auch bei der Frage, mithilfe welcher Basisinnovation eine Gesellschaftsform hergestellt werden kann, die in der Lage ist, die zwei beschriebenen Wachstumsbarrieren, nämlich die Transaktionskosten der Wissensgesellschaft wie auch die entropischen Kosten, zu eliminieren. Die schulmedizinische Versorgung, so, wie wir sie heute kennen, wird diese Aufgabe alleine wohl nicht erfüllen können. Gleichzeitig ist sie aber rein volkswirtschaftlich betrachtet ein zunehmend bedeutender Wirtschaftszweig geworden und eignet sich dadurch für eine Vorreiterrolle. Nefiodow definiert daher den Gesundheitssektor als neue Leitindustrie, jedoch deutlich umfassender, als wir das aus der Vergangenheit kennen. In seinem ganzheitlichen Ansatz stellt er nämlich der physischen (biologischen) Gesundheit des Menschen die psychologische und soziale Gesundheit zur Seite. Nur ganzheitlich „heile" Menschen sind in der Lage, die soziale Unordnung nachhaltig zu reduzieren und auch eine entsprechende Produktivitätssteigerung aus dem umfassend verfügbaren Wissen zu realisieren.

> Wenn also ein derartiger ganzheitlicher Gesundheitssektor zur Leitindustrie wird, dann lässt sich die dem 6. Kondratjew-Zyklus zugrunde liegende Basisinnovation als die „psychosoziale Gesundheit" unserer Gesellschaft definieren.

Damit befinden wir uns in einer neuartigen Ausgangssituation. Denn erstmalig in der Geschichte der Kondratjew-Zyklen beruht eine neue Wirtschaftswelle nicht mehr auf einer technologischen Innovation, sondern stellt stattdessen den Menschen in seiner psychologischen Entwicklung und in seinem sozialen Umgang ins Zentrum.

4.1.3 Was bedeutet „psychosoziale Gesundheit" eigentlich genau?

Was meint Nefiodow, wenn er von „psychosozialer Gesundheit" spricht? Um zu verstehen, auf welches Gesundheitskonzept sich die 6. Welle bezieht und vor allem um nachvollziehen zu können, welche Bedeutung dieses Konzept für die zukünftige Gestaltung von Organisationen hat, müssen wir uns hier kurz mit ein paar wichtigen Begriffen und Modellen auseinandersetzen. Das ist deswegen gerechtfertigt, weil sich bereits heute viele Zugänge der betrieblichen Gesundheitsförderung auf diese Grundlagen beziehen. Es geht dabei um Konzepte, die über eine rein körperliche Definition des Gesundheits- oder Krankheitsbegriffs hinausgehen und einen holistischen, also „ganzheitlichen" Zugang haben. Das heißt, sie sehen den Menschen nicht als eine Art reparaturbedürftige biologische Maschine, sondern vielmehr als ein Wesen, das in seine Umwelt eingebettet ist und mit ihr in einer Wechselbeziehung steht, mit einem Körper, mit Emotionen, mit einem Verstand und mit sozialen Beziehungen.

Dieser vernetzten Denkweise, die auch die Interaktion mit äußeren Umwelten in das Gesamtbild miteinbezieht, sind wir bereits im vorangegangenen Kapitel bei der Diskussion sozialer Systeme begegnet. Denn auch unser Bild von Gesundheit hat sich in den vergangenen 100 Jahren weiterentwickelt. Ausgehend von einem mechanistischen, körperzentrierten und defizitorientierten Verständnis ist der Zugang heute systemischer Natur. Entsprechend dem „bio-psycho-sozialen Modell" müssen sowohl biologische als auch psychologische und soziale Einflussfaktoren – und zwar jeder einzelne für sich genommen, aber auch deren komplexe Wechselwirkungen – bei der Entstehung und Aufrechterhaltung von Gesundheit und Krankheit berücksichtigt werden. Die biologischen Faktoren beziehen sich auf den aktuellen körperlichen Zustand, egal ob dieser angeboren oder erworben ist. Unter den psychologischen Faktoren finden sich unsere persönlichen Denk-, Fühl- und Handlungsmuster. Unter die sozialen Faktoren wiederum fallen unsere zwischenmenschlichen Kontakte mit Familie, Freunden und Arbeitskollegen, aber auch unsere Einbettung in die Gesellschaft und unsere Beziehung zu Natur und Umwelt.

Mittlerweile ist bei der Definition des Gesundheitsbegriffs nämlich die Erhaltung der Lebensqualität in den Vordergrund gerückt, und die ist nur dann gegeben, wenn verschiedene Aspekte der menschlichen Existenz in Harmonie und Balance sind. Gesundheit ist also nichts Statisches, sie ist vielmehr ein veränderliches, ein dynamisches Geschehen. Sie wird – auch in einem aktuell diskutierten Vorschlag der World Health Organisation (WHO) – als dynamischer Zustand des körperlichen, geistigen, spirituellen und sozialen Wohlbefindens definiert, der mehr ist als die reine Abwesenheit von Krankheit und von Behinderungen (WHO 1946, 1998).

Gesundheit wird von der WHO anhand von sieben Kriterien erreicht:

- Durch ein stabiles Selbstwertgefühl
- Durch ein positives Verhältnis zum eigenen Körper
- Durch die Fähigkeit zu Freundschaft und sozialen Beziehungen
- Durch eine intakte Umwelt
- Durch eine sinnvolle Arbeit und gesunde Sozialbeziehungen im Arbeitsumfeld
- Durch Gesundheitswissen und Zugang zu einer Gesundheitsversorgung
- Durch eine lebenswerte Gegenwart und die begründete Hoffnung auf eine lebenswerte Zukunft

Viele dieser Kriterien, auf die sich auch Nefiodow in seiner Beschreibung der 6. Welle bezieht, finden sich im sogenannten Salutogenese-Modell der Gesundheit wieder, das in den 1970er-Jahren vom amerikanisch-israelischen Soziologen Aaron Antonovsky entwickelt wurde. Antonovsky wollte durch seine Arbeit ein völliges Umdenken von einer defizitorientierten, zu einer ressourcenorientierten Definition von Gesundheit bewirken. Der von ihm entwickelte Begriff der Salutogenese setzt sich aus den Wortbestandteilen „salus" (lat.): das Heil, die Gesundheit, das Wohlbefinden, und „genesis" (griech.): der Ursprung, die Entstehung, zusammen. In seinem Modell sind Gesundheit und Krankheit daher nicht einander wechselseitig ausschließende Zustände (im Sinne eines entweder/oder), sondern die beiden Extrempole auf einem Kontinuum. Die Frage, die sich also stellt, ist dann nicht mehr, ob jemand gesund oder krank ist, sondern wie weit entfernt bzw. nahe er jeweils einem der beiden Endpunkte, Gesundheit einerseits oder Krankheit anderseits, ist. Denn Gesundheit ist kein stabiler Gleichgewichtszustand, sondern sie muss in einer Auseinandersetzung mit krankmachenden Einflüssen immer wieder aufs Neue aufgebaut werden. Antonovsky war der Ansicht, dass es gleichermaßen wichtig ist, sowohl nach krankmachenden Einflüssen (pathogener Ansatz) als auch nach gesundheitsfördernden oder -erhaltenden Faktoren (salutogener Ansatz) zu suchen. Äußere Einflussfaktoren, sogenannte Stressoren, sind allgegenwärtig und auch unvermeidlich, aber ihre Wirkung muss nicht zwangsläufig gesundheitsschädigend sein. Wie ein bestimmter Stresseinfluss bewertet wird und ob er bewältigt werden kann, wird durch die Grundhaltung einer Person dem Leben gegenüber durch das sogenannte Kohärenzgefühl (Sense of Coherence, SOC) entschieden. Je ausgeprägter das Kohärenzgefühl einer Person ist, desto besser gelingt es ihr, gesund zu bleiben (Antonovsky 1993).

Das **Kohärenzgefühl** setzt sich aus drei Anteilen zusammen: einem Gefühl der Verstehbarkeit (Sense of Comprehensibility), einem Gefühl der Handhabbarkeit (Sense of Manageability) und einem Gefühl der Sinnhaftigkeit (Sense of Meaningfulness). **Verstehbarkeit** existiert dann, wenn berufliche und private Anforderungen als planbar, einschätzbar oder erklärbar wahrgenommen werden. Die Welt wird als geordnet und vorhersehbar erlebt. Verstehbarkeit geht mit der persönlichen Einstellung und Erwartungshaltung einher, dass man die Fähigkeit dazu besitzt, Anforderungen in Form von strukturierten, konsistenten Informationen verarbeiten zu können. Diese Informationen machen zwar betroffen, können aber nachvollzogen werden. Auf der emotionalen Ebene bedeutet dies, dass die Informationen zwar verstanden, aber nicht, dass sie als „in Ordnung" bewertet werden. **Handhabbarkeit** wird dann empfunden, wenn die Überzeugung vorliegt, dass jemandem im Arbeits- und Privatleben geeignete Mittel zur Verfügung stehen, um Anforderungen begegnen zu können. Man ist zuversichtlich, zukünftige Herausforderungen meistern zu können und hat das Gefühl, seine Ressourcen selbst unter Kontrolle zu haben. Die Dimension **Sinnhaftigkeit** wiederum beschreibt das Ausmaß, in dem das Leben als emotional sinnvoll betrachtet wird. Man empfindet, dass es wenigstens einige der vom Leben gestellten Herausforderungen wert sind, dass man Energie in sie investiert, dass man sich dafür einsetzt und sich ihnen verpflichtet. Schwierigkeiten werden eher als willkommene Herausforderung erlebt und nicht als Last, die man gerne los werden möchte. Das Gefühl der Sinnhaftigkeit ist eine starke Motivation.

Zusammenfassend lässt sich also sagen, dass sich das Einnehmen einer systemischen Perspektive nicht nur auf die Art und Weise ausgewirkt hat, wie wir soziale Systeme bzw. Organisationen betrachten, sondern auch darauf, wie wir Gesundheit und Krankheit interpretieren. Unser Gesellschafts- und Wirtschaftssystem hat im Zuge der Digitalisierungswelle mithilfe von technologischen Hilfsmitteln leistungsfähige und intelligente Informationsnetzwerke geschaffen. Jetzt macht es einen weiteren Evolutionsschritt, in dem es um Menschen, ihr Fühlen, Denken und Handeln sowie den Aufbau tragfähiger sozialer Netzwerke geht.

Die aktuelle Welle langen Wirtschaftswachstums ist ein Game-Changer

Wissenschaftler des letzten Jahrhunderts haben festgestellt, dass die Wirtschaft nicht kontinuierlich, sondern in einzelnen, lang aufeinander folgenden Wellen wächst. Diese Wellen finden etwa alle 50 Jahre statt und wurden bisher durch technologische Neuerungen, sogenannte **Basisinnovationen**, ausgelöst. Mittlerweile werden diese Wellen nicht nur immer kürzer und überlagern sich sogar zum Teil schon, sondern sie verändern mit der bereits im Anstieg begriffenen 6. Welle auch ihr Grundmuster. Nach der letzten technologischen Welle, der Digitalisierung, folgt nun eine Welle der **psychosozialen Gesundheit**, die erstmals den Menschen und seinen sozialen Umgang als Ausgangsbasis hat. Daher werden bei der aktuellen Wirtschaftswelle nur jene Unternehmen profitieren, die in der Lage sind, psychosozial gesunde Organisationen zu entwickeln.

Das erfordert von der Führung solcher Organisationen allerdings völlig andere Denk- und Handlungsmuster, als sie bisher aus der Zeit der auslaufenden Industrialisierung bekannt und im Einsatz waren. Denn psychosoziale Gesundheit in Unternehmen geht weit über die heute praktizierte innerbetriebliche Gesundheitsförderung hinaus. Sie stellt neben der biologischen auch die psychologische und soziale Gesundheit aller Mitarbeiter, allen voran die der Führungskräfte, ins Zentrum. Die WHO (**World Health Organisation**) zieht für diesen Gesundheitsbegriff unter anderem Kriterien wie ein stabiles Selbstwertgefühl, die Fähigkeit, soziale Beziehungen zu pflegen und eine sinnstiftende Tätigkeit heran. Das alles sind Themenfelder, die beim Management heutiger Organisationen nicht im Zentrum des wirtschaftlichen Handelns stehen.

4.2   Die ersten Anzeichen des Systemwandels

„Man muss wissen, was sein soll, um das, was ist, richtig beurteilen zu können."
Jean-Jacques Rousseau, Genfer Universalgelehrter (1712–1778), in „Vom Gesellschaftsvertrag"

Nefiodows Theorie entsprechend hat die 6. Welle bereits mit dem Jahrhundertwechsel begonnen, sie befindet sich aber noch in einer sehr frühen Phase. Wenn man nicht wirklich ganz genau weiß, worauf man im Detail achten muss, dann sind ihre Anzeichen eher subtil und auch in unserer beruflichen Praxis noch nicht omnipräsent. Wir müssen unseren Blick schon wirklich schärfen, um zu erkennen, wo Teile dieser Entwicklung in unserer (westlichen) Gesellschaft und in unseren Organisationen bereits sichtbar werden. Wir beginnen mit einigen Schlagwörtern und Tendenzen, die in den letzten Jahren hochgekommen sind und die sich unserer Meinung nach gut in die Theorie der 6. Welle einordnen lassen.

4.2.1   Communities

Die Individualisierung zählt auch im 21. Jahrhundert in unserer Gesellschaft zu den absoluten Megatrends. Als makro-soziologisches Phänomen hat diese Entwicklung durchaus zwei Facetten. Auf der einen Seite genießen wir heute eine im historischen Vergleich einzigartige Freiheit. Keine Vorgängergeneration verfügte in einem ähnlichen Ausmaß über die notwendigen Mittel wie Wohlstand und vor allem Zeit, um sich in ähnlicher Weise mit ihren eigenen Befindlichkeiten auseinanderzusetzen und damit über entsprechende Möglichkeiten, sich persönlich zu entfalten. Alte Normen und strukturgebende Institutionen haben an Bedeutung verloren und ein noch nie dagewesenes Maß an Selbstbestimmung und Autonomie ermöglicht. Aber natürlich geht, wie der 2015 verstorbene deutsche Soziologe Ulrich Beck gerne erklärte, die Individualisierung auf der anderen Seite auch mit einem Verlust von traditionellen Sicherheiten einher. Denn bekannte Bezugssysteme haben auch klar definierte Rahmenbedingungen vorgegeben, innerhalb derer man sich bewegen durfte. Die Möglichkeit, sich sein eigenes Leben frei gestalten zu können, ist auf jeden Fall eine Chance, sie bietet aber auch das Risiko, selbst Verantwortung übernehmen und sich gegen soziale Gefahren schützen zu müssen (Beck 2015).

Der Prozess der Individualisierung ist zu einem großen Anteil mit der Entstehung moderner Formen der Gesellschaft – zum Beispiel durch die Definition von politischen und sozialen Grundrechten – und der Wirtschaft – zum Beispiel durch die Forderung nach größerer Mobilität und Flexibilität – verbunden. Während dem Individuum also auf der einen Seite bestimmte Rechte zugeschrieben wurden, ist auf der anderen Seite gleichzeitig eine Reihe von Pflichten entstanden: Man muss beispielsweise nicht nur für die eigene Bildung die Verantwortung übernehmen, sondern für die gesamte Gestaltung seines Lebens. Der Mensch muss seine eigene Identität und seinen eigenen Sinn finden und wird damit zum Schöpfer seiner Lebensgeschichte. Der größere Wohlstand, dem wir auch einer besseren Bildung zu verdanken haben, ermöglicht den Menschen ein hohes Maß an Wahlfreiheit in Bezug auf ihre Lebensgestaltung und -führung (Beck 2015).

Individualisierung ist also eine Entwicklung, die sowohl auf gesellschaftlicher als auch auf politischer und zu guter Letzt auch auf ökonomischer Ebene nicht aufzuhalten ist. Der letzte große Entwicklungsschritt in Richtung einer politischen Individualisierung war die Einführung demokratischer Nationalstaaten, in denen alle Bürger unabhängig von ihrem Stand in regelmäßigen Abständen ihre Regierung frei wählen dürfen. Zugegeben, weltweit betrachtet ist dieser Zustand regional noch sehr unterschiedlich ausgeprägt, in den entwickelten Demokratien wie zum Beispiel in Teilen Europas wird aber schon der Ruf nach der nächsten Evolutionsstufe laut: der Basisdemokratie. Partizipation soll der Bevölkerung noch mehr und noch wirksamere Möglichkeiten zur Mitbestimmung in tagespolitischen Themen einräumen. Auch in Unternehmen und anderen Organisationen können wir das Drängen der Mitarbeiterschaft auf mehr Transparenz, Mitbestimmungs- und Gestaltungsmöglichkeiten beobachten. Dieser Trend ist unter den einzelnen Unternehmen und Hierarchieebenen zwar unterschiedlich ausgeprägt, aber überall tendenziell stark ansteigend.

Die Individualisierung ist auf der ökonomischen Ebene mittlerweile so weit fortgeschritten, dass wir uns sogar zu „Unternehmern in eigener Sache", zu einer Art Ich-AG entwickelt haben. Wir vermarkten uns selbst und damit auch unsere eigene Arbeitskraft. Durch die Weiterentwicklung der technologischen Möglichkeiten hat der Individualisierungstrend auch auf der gesellschaftlichen Ebene noch einen zusätzlichen Schub bekommen. Digitale Räume und Netzwerke wie das Internet oder die sozialen Medien fördern den Selbstausdruck in Wort und Bild und die Teilhabe an gesellschaftlichen Entscheidungs- und Gestaltungsprozessen. Doch dieser Fokus auf sich selbst hat auch seine Schattenseiten, wenn er aus dem Ruder läuft. Er kann zu einem narzisstischen Egoismus führen. Orientierungslosigkeit, Vereinsamung, Verhaltensauffälligkeiten und die verzweifelte Suche nach einem tieferen Sinn sind die Nebenwirkungen. Sowohl der Gesellschaft als auch der Wirtschaft wird zunehmend aufgezwungen, Rücksicht auf individuelle Bedürfnisse und Befindlichkeiten des Individuums zu nehmen. Diese Entwicklung läuft also ganz offensichtlich nicht auf eine psychosozial gesunde Gesellschaft hinaus. Vielmehr deuten sie manche Philosophen und Psychologen als einen Ausbruchsversuch aus einer gleichgeschalteten und regelkonform geglätteten Gesellschaft. Die zunehmende Individualisierbarkeit von Produkten und Dienstleistungen gibt den Konsumenten jedenfalls das Gefühl, richtig unterwegs zu sein, und lässt sie immer mehr davon fordern. In vielen Marketingabteilungen hat sich diese Haltung bereits zu einer Selbstverständlichkeit entwickelt.

Doch diese Überbetonung des „Ich", dieses Zuviel an Selbstbezogenheit in einer homogenisierten Regelgesellschaft scheint nur der Übergang in ein neues Gesellschaftssystem zu sein. Denn man beginnt bereits zu erkennen, dass das Pendel in die andere Richtung ausschlägt: Unser Gesellschaftssystem fängt an, sich vom Ich zum Wir zu bewegen. Das zeigt sich an den vielen kleinstrukturierteren Interessengruppen, die zu neuen, tragenden Säulen gesellschaftlicher, wirtschaftlicher, aber auch politischer Entwicklungen werden. Derartige „Communities" – wie dieses Phänomen im neudeutschen Sprachgebrauch gerne bezeichnet wird – können innerhalb ihres eigenen Bezugssystems wiederum völlig neuartige und psychosozial durchaus gesunde Verhaltens- und Umgangsformen entwickeln. Sie sind kleiner und überschaubarer, leichter steuerbar und können an ihren Rändern mit anderen Communities über gemeinsame Ziele und Absichten verhandeln.

Laut einer wissenschaftlich untermauerten Hypothese stellen überschaubare Gemeinschaften, sogenannte „Tribes", die natürliche Umgebung des Menschen dar. Diese Erkenntnisse bilden ein Erklärungsmodell dafür, dass ausgehend von einer stark individualisierten Gesellschaft gerade neue Formen des Zusammenhalts entstehen. Auch Unternehmen und andere Vereinigungen, deren Organisationsform die Interessen und Werte einer gleichgesinnten und gleichorientierten Gruppe gut abbildet, könnten zu einem Teil dieser Entwicklung werden. Diese Form der „Vergemeinschaftung" wird wahrscheinlich auch zu einer höheren Selbststeuerung und Selbstbestimmung und damit zu mehr Zufriedenheit und sozial stabileren Verhältnissen innerhalb einer Gruppe führen. Und das sind eigentlich ganz gute strukturelle Voraussetzungen, um die von Nefiodow postulierte globale soziale Unordnung zu beheben und damit der 6. Welle den Weg zu bereiten.

4.2.2   Empathiefähigkeit

> „The most important question facing humanity is this: Can we reach global empathy in time to avoid the collapse of civilization and save the Earth?"
>
> Jeremy Rifkin, Amerikanischer Ökonom und Publizist (*1945), in „The Empathic Civilization: The Race to Global Consciousness in a World in Crisis"

Neuro- und Kognitionswissenschaftler haben in den vergangenen Jahrzehnten mit ihren Forschungsergebnissen ein altes Paradigma auf den Kopf gestellt. Ist man früher davon ausgegangen, dass der Mensch in seiner natürlichen „Grundeinstellung" aggressiv, eigennützig, materialistisch und selbstbezogen ist, so hat sich mittlerweile herausgestellt, dass wir eine zutiefst empathische Spezies sind. Die Fähigkeit, uns in andere Menschen einzufühlen, ihre Gefühle, ihre Motivationen, ihre Gedanken und Persönlichkeitsmerkmale nicht nur erkennen, sondern auch nachvollziehen zu können, ist wesentlich ausgeprägter, als sie im Alltag aktuell sichtbar ist. Die Auseinandersetzung mit dem Thema Empathie stellt ein großes Spielfeld dar, das Schritt für Schritt über die wissenschaftliche Forschung und Lehre hinausgehend Einzug in den medialen und gesellschaftlichen Sprachgebrauch gehalten hat. War Empathiefähigkeit bisher vor allem ein Fachterminus der Psychotherapie und Psychologie, so wird dieser Begriff immer mehr zu einem Teil unserer Alltagssprache. Gleichzeitig taucht er auch zunehmend als professioneller Ansatz in modernen Methoden der Geschäfts- und Organisationsentwicklung auf. In diesem Zusammenhang wird er zur korrekten Deutung von sich immer schneller verändernden und individueller ausgestalteten Kundenbedürfnissen oder im Zusammenhang mit einer fördernden (und fordernden) Führung von Mitarbeitern herangezogen.

Spätestens seit der Entdeckung der Spiegelneuronen wird angenommen, dass das menschliche Gehirn von Geburt an über eine Art Resonanzsystem verfügt, das bei der Wahrnehmung von Gefühlen, Stimmungslagen und Handlungsmustern anderer Menschen im eigenen Körper entsprechende Nervenzellen aktiviert. Diese 1992 erstmalig im Gehirn von Primaten beschriebenen und 2010 auch beim Menschen nachgewiesenen Zellen lassen Forscher vermuten, dass wir neben der Fähigkeit, Bewegungsmuster nachzuahmen, auch über die Fähigkeit zur Nachempfindung der Gefühle anderer verfügen. Über das Konzept der Spiegelneuronen können Überlebensstrategien von Neugeborenen und Kleinkindern erklärt werden und es wird angenommen, dass sie außerdem für eine authentische Gefühlsübertragung zwischen Menschen, also für ein nicht manipulierbares „Mitgefühl", verantwortlich sind. Auch wenn – aus sehr nachvollziehbaren Gründen – bis dato keine entsprechenden direkten Untersuchungen am menschlichen Gehirn vorgenommen wurden und der Nachweis der verantwortlichen Hirnareale aufgrund von funktionalen Magnetresonanzuntersuchungen erfolgt, gibt es eine angeregte wissenschaftliche Diskussion über den Zusammenhang zwischen derartigen Zellen und einer empathischen Gefühlsübertragung. Spiegelneuronen stellen also ein mögliches Erklärungsmodell für unsere Fähigkeit dar, emotionale Empfindungen nachzuvollziehen, die nicht unsere eigenen sind (Keysers 2011).

Untersuchungen und Studien zufolge nimmt die Empathiefähigkeit der Menschen seit Beginn des letzten Jahrhunderts wahrnehmbar zu.

Aber was bedeutet es jetzt in der Praxis, wenn man über diese für eine moderne Gesellschaft scheinbar so wesentliche Fähigkeit verfügt? Tatsächlich können wir sowohl im beruflichen als auch im privaten Umfeld unterschiedliche Verhaltens- und Reaktionsmuster erkennen, die man als empathisch bezeichnen kann.

Stellen wir uns eine Alltagssituation vor: Arbeitskollegen, die sich eine Weile nicht gesehen haben, treffen sich in der Kaffeepause. Sie erzählen einander, was sich in ihrem Leben inzwischen so alles getan hat. Dabei schildert die eine Person der anderen oder einer ganzen Gruppe ein hochemotionales Erlebnis, zum Beispiel eine besonders lustige oder spannende Geschichte aus dem letzten Urlaub oder die Beschreibung eines kritischen, sehr bewegenden oder dramatischen Vorfalls. Neben einer sichtbaren Reaktion wie einem Nicken der Zuhörer kommt es manchmal auch zu Reaktionen wie: „Ja, das kenne ich auch!" oder „So ähnlich habe ich das auch einmal gespürt!". Die Psychologie spricht in diesem Fall von „affektiver Resonanz", also von der Fähigkeit, mit den Emotionen anderer Menschen mitzuschwingen. Aber nicht nur das Teilen eines persönlichen Erlebnisses, auch ein bestimmtes Musikstück, ein Text oder eine Filmsequenz können bei Menschen Gefühle wieder hochkommen und noch einmal aufleben lassen. Das bedeutet aber üblicherweise nicht, dass man die Emotionen seines Gegenübers wirklich völlig ident nachempfindet.[1] Es sind meistens die eigenen abgespeicherten Emotionen, die im Detail natürlich deutlich von den Empfindungen des anderen abweichen können. Daher ist bei Resonanzen immer Vorsicht geboten, um nicht die eigenen Gefühle und Empfindungen mit denen des Gesprächspartners zu verwechseln.

Um andere Personen besser verstehen oder interpretieren zu können, ist es wichtig, zusätzlich zum verbalen Informationsaustausch auch die Mimik und Gestik zu lesen und die Tonalität und Geschwindigkeit des Gesagten zu berücksichtigen. Die Fähigkeit, nicht sprachliche Elemente in der Kommunikation zu bewerten, ist grundsätzlich allen Menschen

---

[1] Die Literatur unterscheidet in diesem Zusammenhang zwischen „identical/convergent resonance", wenn beispielsweise das Erzählen eines traumatischen Erlebnisses bei einer anderen, ebenfalls traumatisierten Person genau den identen Schmerz auslöst, und „reactive/divergent resonance", bei der mit einem eigenen Set von Gefühlen darauf reagiert und der Schmerz nur nachempfunden wird (Ekman 2012).

gegeben. Darauf beruht auch die Kernthese des Kommunikations-
wissenschaftlers Paul Watzlawick „Man kann nicht nicht kommunizieren" (Watzlawick et al. 1967). Sie geht davon aus, dass zwei Menschen im
selben Raum ständig miteinander kommunizieren, auch wenn sie nicht
miteinander sprechen. Um diese Art der non-verbalen Kommunikation
allerdings bewusst wahrzunehmen und richtig einzuordnen, braucht es
natürlich Übung. Manche Menschen haben sich diese Fähigkeit durch
Lebenserfahrung angeeignet, viele andere besuchen dazu gezielt Seminare. Hat man allerdings den Anspruch, Motive und Absichten hinter
Handlungen und Aussagen besser, bis hin zu trittsicher, verstehen zu wollen, ist es wichtig, das dafür notwendige Sensorium ständig zu trainieren.
Nur so lernt man laufend, seine Gesprächspartner besser und auch kor-
rekter zu verstehen und einzuschätzen. Was man mit diesen Zusatz-
information schlussendlich macht und wie man sie dann einsetzt, das hat
wiederum mit unserer Haltung zu tun: Man kann sie, wie beispielsweise
in einem therapeutischen Setting oder beim Coaching, zum Nutzen des
Klienten einsetzen, man kann damit – wenn man gelernt hat wie – Menschen aber auch ganz leicht manipulieren. Manche Menschen, sogar
ganze Kulturen, schützen sich davor, ihre Emotionen und damit zu viel
von sich selbst preiszugeben, indem sie versuchen, äußerlich möglichst
gar keine Gefühlsregung zu zeigen – weder in Gestik, Mimik oder Ausdruck. Gleichzeitig verhindert diese Schutzfunktion aber auch den Aufbau sozial gesunder Beziehungen. Vertrauen zu gewinnen und für andere
greifbar zu werden, ist ohne ein entsprechendes emotionales Feedback
wesentlich schwerer. Diese Art von impliziter Kommunikation scheint,
trotz eines gewissen Manipulationsrisikos, also eine Grundlage für
psychosozial gesunde Gesellschaften und Organisationen zu sein.

Was bringt uns jetzt zu der Hypothese, dass das Entwickeln von Empathiefähigkeit in unserer beruflichen Praxis bereits heute erkennbar ist
und damit ein wichtiges Zeichen für den Wandel unseres Gesellschafts-
und Wirtschaftssystems darstellt? Und woran glauben wir zu erkennen,
dass diese Fähigkeit für die 6. Welle eine große Bedeutung haben wird?
Dass das Vermögen, sich in andere Menschen einzufühlen und mit deren
Gefühlswelt in Resonanz zu gehen, bei Menschen in helfenden Berufen
bereits heute eine Grundvoraussetzung ist, darüber braucht man wohl
nicht lange nachzudenken. Doch auch in Unternehmen trifft man immer

häufiger auf diese Haltung: Führungskräftecoaches könnten ihre Arbeit ohne sie genauso wenig machen, wie Trainer oder Berater im Bereich des Teambuilding. Für den Einsatz moderner Strategie- oder Produktentwicklungsmethoden, die die Bedürfnisse verschiedener Stakeholder, und hier vor allem der Kunden, mitberücksichtigen, ist die Fähigkeit, sich in die Gefühlswelt der anderen hineinzuversetzen, bereits heute eine Notwendigkeit. Doch das ist erst der Anfang. Sollte sich unsere Fähigkeit, Emotionen mitzuempfinden und zu spiegeln im gleichen Ausmaß wie bisher kollektiv weiterentwickeln, dann können wir für die Zukunft eine Gesellschaft postulieren, in der uns jeder emotionale Verstoß gegen einen Mitmenschen ebenso leiden lässt, wie den Betroffenen selbst. Wenn wir also nicht mehr anders können als authentisch mit anderen mitzufühlen, würden wir den Umgang mit unseren Mitmenschen vermutlich etwas anders gestalten als heute. Eine völlig andere Dimension menschlicher Fürsorge wäre die Folge, die – wenn auch nicht ausschließlich aus altruistischen Motiven – sicherlich einen Schritt in Richtung einer neuen sozialen Ordnung darstellen würde.

4.2.3   EQ – Die emotionale Intelligenz

> „In a very real sense we have two minds, one that thinks and one that feels"
> Daniel Goleman, Amerikanischer Psychologe und Journalist (*1946), in „Emotional Intelligence: Why It Can Matter More Than IQ"

Wer vielleicht in Büchern über moderne Kommunikationstheorie schon einmal etwas vom sogenannten „Eisbergmodell" gelesen oder gehört hat, dem wird vielleicht noch in Erinnerung geblieben sein, dass 80 Prozent des menschlichen Verhaltens von unserem Unbewussten gesteuert wird. Diese Metapher lässt sich auf die Beobachtungen des Tiefenpsychologen Sigmund Freud zurückführen, der in seinem Strukturmodell der Psyche festgestellt hat, dass die bewussten und die unbewussten Anteile unserer Psyche sehr ungleich verteilt sind – ähnlich den sichtbaren und unsichtbaren Anteilen eines auf dem Wasser schwimmenden Eisbergs (Ruch und Zimbardo 1974). Wenn also unser Verhalten zu 20 Prozent von dem, was wir umgangssprachlich als unseren „Verstand" bezeichnen, und zu 80 Prozent von unseren Emotionen gesteuert wird, so scheint es durchaus eine gute Idee zu sein, dem Intelligenzquotienten, dem IQ, einen emotionalen Quotienten, den EQ, zur Seite zu stellen. Unser EQ wird uns zwar nicht dabei helfen, mathematisch komplexe Aufgaben und andere Rätsel zu lösen – wofür der IQ zuständig ist –, er kann uns aber sehr wohl dabei unterstützen, unsere Handlungen und Entscheidungen besser zu verstehen.

Die aktuelle Version des menschlichen Bewusstseins ist grundsätzlich in der Lage, erlebte psychische Zustände und Aktivitäten, darunter auch die eigenen Gefühle, nicht nur wahrzunehmen, sondern diese auch zu deuten. In modernen Gesellschaften ist es mittlerweile durchaus üblich, zur Interpretation und Reflexion der Emotionen auch die Unterstützung und Außenperspektive eines Coaches oder Therapeuten heranzuziehen. Entwicklungsgeschichtlich war das nicht immer so. Sehr viel früher waren die Erfolgsfaktoren für das Überleben und das Weiterkommen der menschlichen Spezies blitzschnelle, unreflektierte Entscheidungen. Hätten sich unsere Vorfahren beim plötzlichen Auftauchen eines Säbelzahntigers vom Verstand leiten lassen und für ihre Reaktion rational wohlbegründete Entscheidungskriterien herangezogen, dann hätte es mit der langfristigen Existenzsicherung des Homo sapiens vermutlich weniger vorteilhaft ausgesehen. Umfeldanalysen, Prognosemodelle und datenbasierte Entscheidungsstrategien wären in diesem Fall wahrscheinlich nicht das Mittel der Wahl gewesen, und so können wir rückblickend dankbar dafür sein, dass das limbische System im Gehirn die Steuerung übernommen, den Verstand abgeschaltet und uns so das Leben gerettet hat.

Heute stellen derartige instinktive Reaktionsmuster keinen kritischen Überlebensfaktor mehr dar. Im Gegenteil, in der sozialen Welt von heute, die wir über Jahrhunderte hinweg aufgebaut haben, können sie sogar hinderlich sein. Es ist wahrscheinlich nicht mehr wirklich hilfreich, die als bedrohlich wahrgenommene Aussage eines Kollegen oder Vorgesetzten mit einer Reaktion der Marke „Kampf oder Flucht", also Zuschlagen oder Weglaufen, zu quittieren. Man kann davon ausgehen, dass ein derartiges Verhalten in der zivilisierten Welt zu Akzeptanzproblemen führt und für das Weiterkommen eher hinderlich ist. So weit, so nachvollziehbar. Beobachtet man aber den heutigen zwischenmenschlichen Umgang genauer und sucht gezielt nach diesen „Reiz-Reaktions"-Mustern, so wird man öfter fündig als man gemeinhin glauben möchte. Viele Taten und Worte auch gebildeter Menschen werden nach wie vor von unreflektierten Emotionen bestimmt. Und das führt zu unzähligen Missverständnissen im sozialen Umgang miteinander, zu Misstrauen, Unverständnis und Missgunst. Derartige Reaktionen stellen den Nährboden der aktuellen, sozialen Unordnung dar, wie sie von Nefiodow im Detail beschrieben wird.

Um diese Unausgeglichenheit zu überwinden, ist es nicht nur zwingend notwendig, sich intensiver mit der eigenen emotionalen Wahrnehmung auseinanderzusetzen, sondern sich der Gefühle und ihrer Auslöser auch bewusster zu werden, sie also zur Wasseroberfläche an die Spitze des Eisbergs zu bringen. Nur so kann man das eigene Verhalten besser steuern. Dadurch wird es gleichzeitig möglich, den sozialen Umgang miteinander erfolgreicher und vertrauensvoller zu gestalten und hinderliche Impulse zu unterdrücken.

Zum besseren Verständnis der emotionalen Persönlichkeitsstruktur hat der US-amerikanische Psychiater Eric Berne Mitte des letzten Jahrhunderts das psychologische Modell der Transaktionsanalyse entwickelt (Berne 1961). Sie stellt ein sehr anschauliches Konzept dar, das Menschen dabei unterstützen soll, ihre erlebte Wirklichkeit zu reflektieren, zu analysieren und zu verändern. Es besagt im Wesentlichen, dass unser Verhalten zu Mitmenschen durch drei verschiedene Zustände aus Denken, Fühlen und Verhalten gesteuert wird, den sogenannten Ich-Zuständen. Den Teil unserer emotionalen Persönlichkeit, der durch unsere eigenen Erfahrungen in der Kindheit und als heranwachsender Mensch geprägt ist, bezeichnet er als „Kind-Ich", das sich auf Bedürfnisse und entsprechende Strategien zu deren Erfüllung fokussiert. Der Teil, der durch die Erfahrungen aus der Erziehung durch unsere Eltern oder Bezugspersonen beeinflusst wurde, stellt die beurteilende und moralische Ebene dar, das „Eltern-Ich". Die Aufgabe der emotionalen Intelligenz ist es nun, in den Zustand des „Erwachsenen-Ichs" zu kommen (siehe Abb. 4.2). Das Erwachsenen-Ich überprüft die eigenen Kindheits- und Lebenserfahrungen, aber auch die Ratschläge und Vorgaben unserer Eltern in Bezug auf ihre Brauchbarkeit und Anwendbarkeit in der aktuellen Situation. Sehr oft können dabei bereits gemachte Erfahrungen und verinnerlichte Ratschläge helfen, manchmal sind sie aber überholt oder im aktuellen Kontext unpassend oder sie müssen neu gedacht bzw. interpretiert werden, um ein adäquates Verhalten an den Tag zu legen. Diese Art von Reflexionsfähigkeit ist ein wesentlicher Baustein unseres emotionalen Quotienten.

Woran können wir also heute schon erkennen, dass das Konzept der emotionalen Intelligenz große Akzeptanz erhält und warum sehen wir darin ein Zeichen des beginnenden Systemwandels? Das Buch von Daniel Goleman, US-amerikanischer Psychologe und Wissenschaftsjournalist, in dem er zum ersten Mal die Bedeutung des EQ beschreibt, wurde bereits vor mehr als 25 Jahren zu einem internationalen Bestseller (Goleman 1995). Goleman betont dabei, wie wichtig es gerade für Menschen in Führungspositionen ist, eine ordentliche Portion an realistischer Selbsteinschätzung zu haben und über die Fähigkeit zu verfügen, die eigene Stimmung, die Gefühle und Antreiber sowie deren Effekt auf andere richtig zu beurteilen. Eine weitere wichtige Komponente ist die Fähigkeit zur Selbstregulierung, wobei negative emotionale Impulse nicht nur erkannt, sondern auch kontrolliert werden können. Dass auch

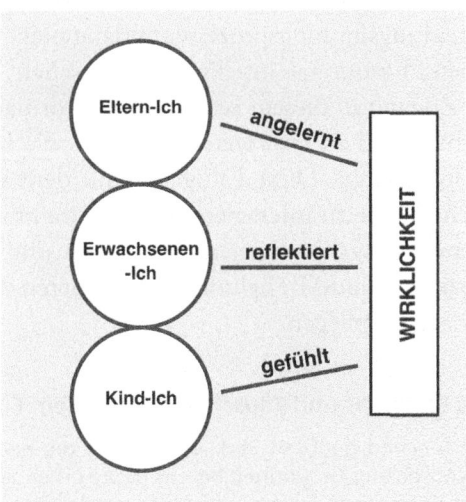

Abb. 4.2 Modell der Transaktionsanalyse. (Eigene Darstellung in Anlehnung an Harris 1963)

Einfühlungsvermögen und „Social Skills", also die Fähigkeit zur Bildung von Beziehungen und Netzwerken, zu den Schlüsselfaktoren emotionaler Intelligenz gehören, wundert auch nicht wirklich.

Emotional intelligente Menschen können auch bessere Entscheidungen treffen. Während es in dieser schnelllebigen Zeit angebracht erscheint, auf jedes auftauchende Problem sofort eine Antwort parat zu haben und auf Bedrohungen mit unbewusst ablaufenden und stammhirngesteuerten Reiz-Reaktions-Mustern zu reagieren, verfügen emotional intelligente Menschen über ein größeres Repertoire an möglichen Antworten. Sie sind nicht nur in der Lage, die eigenen Emotionen zur Problemanalyse oder für eine Lösungs- und Entscheidungsfindung zu berücksichtigen, sondern auch, die Emotionen der Personen, für die Lösungen entwickelt oder Entscheidungen getroffen werden, miteinzubeziehen. Das macht den Prozess zwar nicht schneller, aber dafür trittsicherer. Zusätzlich enthält unsere emotionale Wahrnehmung, unser „Bauchgefühl", auch eine große Anzahl wichtiger Informationen über unser soziales Umfeld. Das emotionale Unterbewusstsein steuert nicht nur 80 Prozent unseres Verhaltens, es nimmt auch viel mehr wahr, als mit unseren fünf physischen Sinnen allein möglich wäre. Dadurch steht uns ein ungenutzter Schatz an Informationen zur Verfügung, den wir in unseren analytischen, ratio-getriebenen Entscheidungsfindungsprozessen bislang nicht ausreichend berücksichtigt haben. Emotional intelligente Menschen können lernen, einen bewussten Zugang zu diesem zusätzlichen Informationsspeicher zu finden, ihn nutzbringend zu interpretieren und in die Kommunikation mit anderen zu integrieren. Diese Fähigkeit, mit dem sozialen Umfeld auf eine zusätzliche Weise zu interagieren, kann zusammen mit einer reflektierten Wahrnehmung der eigenen Emotionen und ihrer Ursachen helfen, psychosozial gesunde Beziehungen zu anderen aufzubauen und diese auch langfristig zu pflegen.

Die Zeiten des Blendens und Täuschens gehen dem Ende zu

Mit einem scharfen und geübten Blick können wir die ersten Anzeichen einer Welle psychosozialer Gesundheit bereits heute erkennen. Das aus den sozialen Medien stammende Schlagwort der **Communities** wird viel breiter zu verstehen sein, als wir es heute aus der virtuellen Welt kennen. Dieser

Trend „vom Ich zum Wir" auf Basis gemeinsamer Wertvorstellungen und Haltungen wird die aktuell noch vorherrschende egozentrische Ich-Gesellschaft ablösen. Diese Entwicklung bietet eine hervorragende Chance für Organisationen, ihre eigene „Community", nämlich die der Mitarbeiter und Führungskräfte, dabei zu unterstützen, eine gemeinsame Wertebasis zu finden.

Aber auch die seit dem letzten Jahrhundert immer stärker wachsende **Empathiefähigkeit und emotionale Intelligenz** der Menschen wird unseren Umgang miteinander radikal verändern und für ein größeres Zusammengehörigkeitsgefühl sorgen. Wir werden damit unsere Mitmenschen, Kollegen, Vorgesetzten, Kunden und Lieferanten viel rascher und treffsicherer einschätzen können. Dadurch werden aber auch alle unserer eigenen Wertvorstellungen und Absichten für andere transparent. Das wird uns selbst auf einen ständigen gesellschaftlichen Prüfstand stellen. Zeit für Unternehmen, diese ersten Anzeichen wahr- und ernst zu nehmen und ihre Organisationen auf diese neuen Anforderungen vorzubereiten.

4.3 Das (Er-)Lösungssystem – Die Eckpfeiler einer sozial gesunden Gesellschaft

Wir haben bereits in einem früheren Kapitel erklärt, dass eine der bedeutendsten Errungenschaften des systemischen Arbeitens das Denken in Lösungssystemen darstellt. Stellen wir uns also einmal gemeinsam vor, wir würden uns bereits mitten in der 6. Welle befinden, so wie diese von Nefiodow beschrieben wurde. Und konzentrieren wir uns dabei auf den Faktor Mensch, also darauf, wie eine psychosozial gesunde Gesellschaft in der Praxis aussehen könnte. Wie würde ein solches Gesellschaftssystem funktionieren? Was wären dessen Eckpfeiler?

Wir wollen jetzt ein paar wesentliche Bausteine für ein funktionierendes Gesellschaftssystem zusammentragen, ein Lösungssystem, in dem die „soziale Unordnung" bereits bereinigt ist und wir uns auf dem Höhepunkt des 6. Kondratjew-Zyklus befinden. Denn wir gehen davon aus, dass es möglich ist, aus diesem Zukunftsbild Erkenntnisse abzuleiten, die uns sowohl dabei helfen, das „Heute" besser zu verstehen als auch gewisse Erscheinungsformen der aktuellen Systemkrise einzuordnen. Wir greifen dazu ganz bewusst in die Kiste unserer eigenen Berufs- und Lebenserfahrung.

4.3.1 Angstfrei

„We do not let go of control, we let go of the belief that we have control."
David Richo, Amerikanischer Psychotherapeut und Trainer (*1940),
in „Five True Things"

Vorhersehbarkeit, Planbarkeit und Stabilität sind wahrscheinlich die drei größten Trugbilder, die sich ein Magier hätte ausdenken können, um eine Gesellschaft in seinen Bann zu ziehen. Jeder Person, aber auch jeder Institution, die völlig direkt oder eher subtil die Illusion der Kontrollierbarkeit äußerer Umstände verspricht, sollten wir mit höchster Vorsicht begegnen. Eine derartige Person ist entweder sehr naiv und unerfahren, oder sie ist es nicht. In diesem Fall ist erhöhte Vorsicht geboten, denn dann sollen wir bewusst geblendet oder manipuliert werden. Man will unser Vertrauen erheischen oder uns einfach nur in einen flauschigen Käfig sperren. Denn der Wunsch unserer Gesellschaft, Unplanbares beherrschbar zu machen und Ordnung im Chaos zu finden, scheint grenzenlos zu sein. Und viele, sehr viele Menschen glauben nicht nur an diese Art von Kontrolle, sondern sie investieren auch unglaublich viel Zeit, Geld und Aufwand, um einen solchen Idealzustand zu erzielen und zu erhalten.

Zwei unserer zentralen Lebensbereiche haben dieses Bedürfnis nach Kontrolle über Jahrzehnte hinweg perfektioniert. Da wäre zum einen die Wirtschaft: Banken, Versicherungen, Trendforschung und viele andere Branchen haben Planbarkeit und Risikominimierung zu ihrem zentralen Geschäftsmodell gemacht. Die Labels „Sicherheit" und „Zuverlässigkeit" kleben aber heute schon an unzähligen anderen Produkten und Dienstleistungen. Aber auch unser Gesellschaftssystem baut auf dem Glauben an die Kontrollierbarkeit auf. Nationalstaatliche und überregionale Gesetze dienen nicht mehr nur der Regelung unseres Zusammenlebens, sondern versprechen uns in erster Linie Stabilität und Sicherheit. In einem gewissen Umfang und unter beständigen Systembedingungen hat diese Illusionen auch auf lange Zeit gut funktioniert.

Hier lässt sich ein interessantes Phänomen beobachten: Mit zunehmender Stabilität haben wir nämlich eine latente Verlustangst ent-

wickelt. Wir scheinen kaum mehr in der Lage zu sein, mit Unvorher-
gesehenem und Unplanbarem konstruktiv umzugehen. Durch fehlende
Einflussmöglichkeiten und Handlungsspielräume verliert das Leben
seine Handhabbarkeit. Das wiederum führt zu einem Gefühl der Hilf-
losigkeit und Ohnmacht einem undurchschaubaren System gegenüber.
Das macht Angst und diese Angst lähmt uns, vielleicht weil wir wissen,
dass Regelwerke eine echte Schwachstelle haben – sie können jederzeit
gebrochen werden. Vielleicht aber auch, weil wir gerade beobachten können, wie sich unsere vermeintlichen Sicherheitsnetze auflösen, wie Banken von Staaten aufgefangen werden müssen, wie die Bevölkerung eines
Landes von den eigenen Machthabern missbraucht wird und wie
die Natur und die Umwelt vor der Menschheit beschützt werden muss.

Wenn uns also Regeln und Gesetze nicht mehr verlässlich gegen Miss-
brauch und Verlust schützen, wie sonst könnten wir wieder angstfrei
leben lernen? In einem ersten Schritt ist es sicher hilfreich, das Unplan-
bare und scheinbar Chaotische als gegeben hinzunehmen. So kann man
nach und nach wieder lernen, mit Unvorsehbarem umzugehen und es
als Teil des Lebens zu akzeptieren. Schon der griechische Philosoph He-
raklit war so weise, zu erkennen, dass das einzig Konstante im Leben die
Veränderung ist. Auch die Basisinnovation der 6. Welle kann uns dabei
helfen, diese in der Zukunft immer wichtiger werdenden Fähigkeiten zu
meistern. Als psychosozial gesunden Menschen wird es uns nämlich
möglich sein, eine neue Situation aus mehreren Blickwinkeln zu betrachten und ihr mit unterschiedlichen Verhaltensweisen entgegenzu-
treten. Wenn ich aktiv an meiner Perspektiven- und Verhaltensvielfalt
arbeite, sozusagen das Unvorhersehbare ständig antizipiere, gewinne ich
auch Zug um Zug an Selbstsicherheit und Gelassenheit im Umgang mit
veränderlichen Rahmenbedingungen. So hole ich mir auch mutig das
Gefühl von Handhabbarkeit zurück, das – wie in diesem Kapitel bereits
früher diskutiert – wesentlich zu einer langfristigen Gesunderhaltung
beiträgt. Auf diesem Weg ist es möglich, eine neue Selbstsicherheit abseits
von Regeln und Gesetzen zu entwickeln und damit in einem hohen Maß
angstfrei zu leben.

4.3.2 Vertrauensvoll

„A team is not a group of people who work together.
A team is group of people who trust each other."
Simon Sinek, Britischer Unternehmensberater und Autor (*1973),
auf Twitter im August 2018

Durch wiederkehrende schlechte Erfahrungen mit anderen Menschen und die damit verbundenen Enttäuschungen entwickeln wir ein grundsätzliches Misstrauen. Zu unserem Schutz fordern wir – wie in unserem Gesellschaftssystem üblich – die Einführung gesetzlicher Regelungen oder rechtlicher Vereinbarungen als neue Vertrauensbasis. Aber hier bekommen wir es wieder mit einer Schwachstelle dieses Absicherungskonstrukts zu tun: auch Regeln und Vereinbarungen können umgangen oder gebrochen werden. Wenn wir uns nicht auf das gesprochene oder geschriebene Wort allein verlassen, sondern auch die darauffolgenden Handlungen und das Verhalten anderer in unsere Bewertung einfließen lassen würden, kämen wir da schon viel besser weg. Vertrauen, aber auch Misstrauen, basiert nämlich auf unseren Erfahrungen in der Vergangenheit und projiziert diese in die Zukunft. Das sogenannte Systemvertrauen – wie es der Systemtheoretiker Luhmann bezeichnet hat – repräsentiert hingegen unser Zutrauen in die Verlässlichkeit von historisch entwickelten Mustern sozialer Wechselbeziehungen und Konventionen.

Was also tun, wenn wir die Menschen, mit denen wir es tun haben, zu wenig kennen und mit ihnen keine gemeinsame Wertebasis entwickeln konnten? Wie damit umgehen, wenn wir uns einfach nicht die Zeit dafür nehmen wollen oder können, um abzugleichen, ob bestimmten Worten auch entsprechende Taten folgen? Und wie verhält man sich am besten, wenn der Wunsch, Gesagtem zu vertrauen, so stark wird, dass wir darüber die losgegangenen Alarmglocken ignorieren? Auch hier kann der Blick auf bereits bemerkbare Trends und auf Aspekte einer psychosozial gesunden Gesellschaft weiterhelfen. Denn wir würden einer anderen Person mit hoher Wahrscheinlichkeit eher unser Vertrauen schenken, wenn wir verlässlich erkennen könnten, ob ihr Verhalten authentisch ist, ob ihre Aussagen auch dem von ihr vermittelten Wertesystem entsprechen und ob Sprechen, Tun und Haltung zueinander stimmig sind. Hier kommen unsere Empathiefähigkeit und unsere emotionale Intelligenz ins Spiel. Diese zusätzlichen Fähigkeiten machen es möglich, die „Stimmigkeit" einer Person, den Einklang ihrer Absichten, Motive und Taten einzuschätzen. Damit wird es möglich, viel schneller neue, vertrauensvolle geschäftliche wie private Beziehungen aufzubauen und zu führen. Mit diesem zusätzlichen Sensorium müssten wir eine Person nicht erst lange kennen lernen, um ihr Verhalten auf den Prüfstand zu stellen, sondern wir könnten die Vertrauenswürdigkeit sehr viel schneller bewerten.

Doch wir sollten für die Entwicklung vertrauensvoller Beziehungen nicht bei der empathischen Beurteilung anderer Menschen Halt machen. Denn dieses Grundprinzip gilt gleichermaßen für uns selbst. Wie gut kennen wir uns eigentlich? Wie viel wissen wir über unsere eigenen Motive, Absichten und Werte und darüber, wie diese unser tägliches Verhalten bestimmen? Werden wir vielleicht zum Teil sogar „fremdgesteuert"? Können wir unserem eigenen Verhalten zu 100 Prozent vertrauen? Nur wenn wir uns gemäß dem Motto antiker griechischer Philosophen „Erkenne dich selbst!" als psychosozial gesunde Person selbst erkunden, können wir zu diesen inneren Ebenen vordringen. Dabei kann es in vielen Fällen hilfreich sein, auf diesem Pfad der Selbsterkenntnis auch professionelle Unterstützung anzunehmen. Mit jeder Erfahrung, die ich über mich selbst mache, gewinne ich weiteres Vertrauen, auch zu mir. An dieser Stelle sei aber eine kleine Warnung angebracht: Es kann wie eine lange, scheinbar unendliche Reise erscheinen, sich selbst vollständig kennen zu lernen. Aber vertrauen wir einfach darauf, dass wir uns dabei Schritt für Schritt unserer selbst bewusster, also selbstbewusster werden.

4.3.3 Kooperativ

„Where is the wisdom, we have lost in knowledge?
Where is the knowledge, we have lost in information?"
T.S. Eliot, Englischsprachiger Literaturnobelpreisträger (1888–1965),
in „The Rock"

Wir betreiben bereits über Jahrtausende hinweg Handel mit Waren und Dienstleistungen. Das hat dazu geführt, dass sich unser Gesellschafts-

und Wirtschaftssystem zunehmend arbeitsteilig entwickelt hat. Durch diese Spezialisierung konnten sich unterschiedliche Disziplinen entwickeln. Es musste nicht mehr jeder alles können, um das kollektive Überleben zu sichern. Je besser wir den Handel organisierten, desto weiter konnten wir unsere individuelle Spezialisierung vorantreiben und die Gesellschaft zu Höchstleistungen treiben. Wir benutzen heute täglich hoch entwickelte Produkte, die ein einzelner Mensch allein schon lange nicht mehr herstellen kann – wie zum Beispiel das Auto oder einen Computer.

Unser Handel, also der Austausch hoch spezialisierter materieller Güter und physischer Dienstleistungen, bildet die Grundlage unseres derzeitigen Wohlstands. Nachdem wir aber zunehmend Informationen austauschen, findet im Bereich der Wissensarbeit ebenfalls eine Spezialisierung statt. Um auf all das existierende Spezialwissen aber umfassend und wertschöpfend zugreifen zu können, müssen wir den Handel, also den Austausch von Informationen, besser organisieren als bisher. Das Internet stellt uns zwar mittlerweile eine geeignete Transportbasis zur Verfügung, solange wir aber nach wie vor auf die gleiche Art und Weise mit Informationen handeln wie bisher mit Waren und Dienstleistungen, werden wir als Gesellschaft daraus keinen Vorteil erzielen. Wird der freie Austausch von Wissen durch regulative Hürden, Angst vor Verlust und andere Vorbehalte behindert, werden wir aus der Wissensarbeit nicht gleichermaßen Wohlstand erzielen können.

Der Handel mit Wissen funktioniert nämlich grundlegend anders. Während wir reine Information durchaus noch eins zu eins gegen Geld- oder andere Sachwerte eintauschen können, so ist der Erwerb von Wissen nicht handelbar. Fremdes Wissen ist für uns nicht im selben Ausmaß nutzbar, wie eine bezogene Ware oder Dienstleistung. Um Wissen nutzbringend und effektiver einzusetzen, müssen wir in Zukunft kooperativ vorgehen. Der kooperative Austausch von Wissen führt nämlich, anders als beim Austausch von Waren, zu neuem Wissen. Waren können sich im Handel nicht aus sich selbst heraus vermehren, Wissen schon. Aus zwei Ideen entsteht eine Dritte. Die Anwendung bestehenden Wissens auf einen neuen Einsatzbereich entwickelt neue Erkenntnisse. Aus dem Diskurs mehrerer Hypothesen entstehen weitere. Also macht uns jeder kooperative Austausch von Wissen gleichzeitig reicher. Denn Kooperation ist ein evolutionäres Konzept, das dem Motto entspricht: 1 + 1 = 3! Damit wir uns aber auf eine solche Zusammenarbeit einlassen können, benötigen wir gute Erfahrungen und Vorschussvertrauen. Haben wir bereits die Erfahrung gemacht, dass aus einem gemeinsamen Projekt neues für uns nutzbares Wissen entsteht, werden wir in Zukunft unser eigenes Wissen auch offener teilen. Je selbstbewusster und reflektierter wir sind, desto leichter wird es uns fallen, solche Kooperationen einzugehen und für längere Zeit aufrecht zu halten. Wenn wir ängstlich sind oder uns schützend vor unser Wissen stellen, werden wir aus der Zusammenarbeit mit anderen nicht viel für uns gewinnen. Wir können davon ausgehen, dass wir als psychosozial gesunde Menschen von Kooperationen mehr profitieren als andere und dass wir uns dadurch auch einen deutlich stärkeren Wettbewerbsvorteil gegenüber Einzelkämpfern sichern. Interdisziplinäre Kooperation, also der fachübergreifende Austausch von Wissen und die Zusammenarbeit von Menschen und Organisationen mit jeweils verschiedener Spezialisierung, stellt obendrein auch einen der wenigen funktionierenden Lösungsansätze für die Wicked Problems dar, mit denen wir es in Zukunft immer häufiger zu tun bekommen werden.

4.3.4 Sinnerfüllt

> „Der Wille zum Sinn bestimmt unser Leben! Wer Menschen motivieren will und Leistung fordert, muss Sinnmöglichkeiten bieten."
> Viktor Frankl, Österreichischer Neurologe und Psychiater, Begründer der Logotherapie (1905–1997)

Das Gefühl von Sinnlosigkeit kann uns auch in einem sonst erfolgreich funktionierenden Leben unmerklich und langsam einholen, sogar wenn wir keine besonderen Schicksalsschläge oder Verluste hinnehmen mussten. Derartige Gefühle lassen sich meist nur schwer erfassen und sie führen uns letztendlich in einen generellen Zustand der Lebensunzufriedenheit, der Lust- und Antriebslosigkeit. Sinn ist einer unserer größten Motivatoren, sein Verlust führt auch zu einer generell demotivierten

Haltung, die wir oft selbst nicht sofort erkennen. Dauert diese über längere Zeiträume an, erfahren wir irgendwann unweigerlich psychische oder psychosomatische Symptome wie Burnout oder depressive Verstimmungen.

Wie kommen wir aber wieder zu einer Sinnfindung für unser Leben? Oder wie können wir einer derartigen, schleichenden Sinnentleerung entkommen? Der berühmte österreichische Psychiater Viktor Frankl hat in seiner Arbeit die Prämisse formuliert, dass wir unseren Sinn nur selbst finden und uns diesen nicht woanders abschauen oder uns von außen verordnen lassen können. Das bedeutet, dass wir uns also selbst auf die Suche nach ihm machen müssen. Sinn ist für jede Person und für jede Situation einzigartig und entsteht bei der Umsetzung eigener Werte. Schlussendlich macht für uns nur dann etwas Sinn, wenn wir an etwas beteiligt sind, das zählt, zu dem wir etwas beitragen können und das wir in irgendeiner Form für wertvoll oder interessant halten (Frankl 1985).

Dazu müssen wir uns also zuerst wieder mit uns und unseren Werten beschäftigen. Die Suche nach unseren individuell sinnstiftenden Aktivitäten verläuft nur dann erfolgreich, wenn wir unsere eigenen Bedürfnisse und Fähigkeiten ausreichend gut kennen. Solange wir hier im Dunklen tappen, oder viel schlimmer, Werte und Ziele verfolgen, die überholt oder fremdgesteuert sind, laufen wir Gefahr, Opfer schleichender Sinnlosigkeitsgefühle zu werden. Wir müssen uns daher unserer eigenen Werte und Fähigkeiten bewusst werden und diese auch laufend auf den Prüfstand stellen, laufend hinterfragen, um nicht wie Zombies falschen Vorstellungen nachzulaufen.

Haben wir Klarheit darüber erlangt, welche berufliche Aufgabe oder Freizeitaktivität uns so sinnvoll und wertvoll erscheint, dass wir dafür unsere Zeit und Energie investieren wollen, dann können wir uns nach den passenden Rahmenbedingungen umsehen. Diese zu finden, fällt uns mitunter schwerer als die Sinnsuche selbst. Oft bieten uns unsere Arbeitgeber, unsere Kunden, Geschäftspartner, Freunde und Bekannten nicht mehr das Umfeld, zu dem wir etwas für uns Wertvolles beitragen können. Dann laufen wir in Gefahr, eine Sinndissonanz zu erleben, also die Unmöglichkeit, uns sinnvoll einzubringen. Neue soziale oder berufliche Umfelder zu suchen, kann uns aber auch Angst machen. Angst vor dem Verlust von Freunden, Verlust von Anerkennung, Einkommen oder

Status – oder auch einer Kombination davon. Mit einer psychosozial gesunden, selbstbewussten und angstfreien Haltung kann ich diese Hürde nehmen, kann ich meine Freunde und Partner in meine Sinnsuche einbinden und auf diese Reise mitnehmen, um sie danach nicht vor den Kopf zu stoßen. Dann bin ich in der Lage, angstfreier und mutiger neue Aufgaben zu übernehmen, in denen ich noch nicht so geübt bin und kann letztendlich auch neue berufliche und private Identitäten annehmen.

Wir haben es selbst in der Hand

In einer psychosozial gesunden Gesellschaft werden wir aus der Geiselhaft vieler psychischer Belastungen der heutigen Zeit befreit. Das wird allerdings nicht von allein gehen. Vielmehr wird von uns auch eine gewisse Bereitschaft und der Mut für eine **persönliche Weiterentwicklung** gefordert. Denn dabei geht es nicht mehr nur um die Vermehrung unseres Fachwissens, sondern vor allem um die Beseitigung tief liegender Ängste und hinderlicher Glaubenssätze, die wir über unser Leben hinweg angesammelt haben.

Wir müssen uns sehr intensiv mit uns selbst beschäftigen und dabei akzeptieren, dass wir viel weniger Kontrolle haben als wir allgemeinhin denken. Denn Veränderung ist die einzig stabile Konstante. Aber unsere wachsenden und trainierbaren Fähigkeiten zur Empathie und zu emotionaler Reflexion werden uns dabei helfen, uns diesen Aufgaben erfolgreich zu stellen. Diese Fähigkeiten werden auch dabei hilfreich sein, wieder **vertrauensvoller und angstfreier** mit unseren Mitmenschen und Kollegen umzugehen. Haben wir das einmal geschafft, werden wir zu grundlegend neuen Formen des Zusammenlebens und des Zusammenarbeitens finden. Und wir werden Klarheit darüber erlangen, welche berufliche Aufgabe oder Freizeitaktivität uns so **sinnvoll und wertvoll** erscheint, dass wir dafür unsere Zeit und Energie investieren.

Literatur

Antonovsky, A. (1993). Gesundheitsforschung versus Krankheitsforschung. In A. Franke & M. Broda (Hrsg.), *Psychosomatische Gesundheit. Versuch einer Abkehr vom Pathogenese-Konzept.* Tübingen: Dgvt.

Beck, U. (2015). *Risikogesellschaft. Auf dem Weg in eine andere Moderne.* Berlin: Suhrkamp.

Berne, E. (1961). *Transactional analysis in psychotherapy: A systematic individual and social psychiatry.* New York: Grove Press.

Ekman, P. (2012). *Emotions revealed: Understanding faces and feelings.* London: Weidenfeld & Nicolson.

Frankl, V. (1985). *Der Mensch vor der Frage nach dem Sinn: Eine Auswahl aus dem Gesamtwerk.* München: Piper Taschenbuch.

Freeman, C. (1982). *The economics of industrial innovation.* Cambridge: MIT Press.

Goleman, D. (1995). *Emotional intelligence: Why it can matter more than IQ.* New York: Bentham Books.

Grimm, S. (2004). *Marketing für High-Tech-Unternehmen: Wie Sie Markt- und Technologiezyklen strategisch nutzen und beeinflussen.* Wiesbaden: Gabler.

Händeler, E. (2005). *Kondratieffs Welt. Wohlstand nach der Industriegesellschaft.* Moers: Brendow.

Harris, T. A. (1963). *I'm ok – You're ok. A Practical Guide to Transactional Analysis.* New York: Harper & Row.

Keysers, C. (2011). *The empathic brain: How the discovery of mirror neurons changes our understanding of human nature.* Scotts Valley: CreateSpace Independent Publishing Platform.

Kondratjew, N. (1926). Die langen Wellen der Konjunktur. *Archiv für Sozialwissenschaft und Sozialpolitik, 56,* 573–609.

Mensch, G. (1973). *Theory of innovation.* Berlin: International Institute of Management.

Nefiodow, L. (2020). *Der sechste Kondratieff.* Kondratieff.net. https://www.kondratieff.net/der-sechste-kondratieff. Zugegriffen am 06.03.2021.

Nefiodow, L., & Nefiodow, S. (2014). *Der sechste Kondratieff: Die neue, lange Welle der Weltwirtschaft. Die langen Wellen der Konjunktur und ihre Basisinnovation* (7. Ausg.). Sankt Augustin: Rhein-Sieg.

Ruch, F., & Zimbardo, P. (1974). *Lehrbuch der Psychologie. Eine Einführung für Studenten der Psychologie, Medizin und Pädagogik.* Berlin: Springer.

Schumpeter, J. A. (1939). *Business cycles. A theoretical, historical and statistical analysis of the capitalist process.* New York/London: McGraw-Hill Book Co.

Watzlawick, P., Beavin, J., & Jackson, D. (1967). *Emotional intelligence: Why it can matter more than IQ.* New York: W.W.Norton.

WHO. (1946). *Constitution of the World Health Organization.* New York: WHO.

WHO. (1998). *Executive board 101st session; resolutions and decisions EB101.1998/REC/l.* Geneva: WHO.

5

Der Schritt in die Umsetzung

Und was bringt uns das jetzt alles? Das ist natürlich die berechtigte Frage, die sich unserer Einschätzung nach viele Leser, die uns bis zu dieser Stelle des Buchs gefolgt sind, stellen werden. Wir haben bisher – hoffentlich schlüssig – durchargumentiert, warum wir psychosoziale Gesundheit für die Grundvoraussetzung der nahenden 6. Welle des Wirtschaftswachstums halten. Wir haben auch erklärt, was das für Organisationen in einer immer instabiler werdenden Welt bedeutet und warum wir erwarten, dass Organisationen, in denen derartige Prinzipien umgesetzt werden, größere Anpassungsfähigkeit, Flexibilität und Krisensicherheit besitzen. Wir bringen in diesem Kapitel eine Reihe von Beispielen, wie wir unsere Arbeitswelt praktisch verändern können, um diese Vorteile tatsächlich zu nutzen. Hier nur ein kleiner Warnhinweis. Wer sich erwartet, dass derartige Veränderungen von heute auf morgen umgesetzt werden können, der wird enttäuscht werden. Auf dem Weg dorthin gibt es keine „Quick-Wins". Denn für den Übergang von der Industriegesellschaft zur Wissensgesellschaft braucht es Veränderungsprozesse der 3. Ordnung. Auf derartige Prozesse muss man sich nicht nur einlassen, denen muss man ganz bewusst ihren Raum und ihre Zeit geben.

© Der/die Autor(en), exklusiv lizenziert durch Springer-Verlag GmbH, DE, ein Teil von Springer Nature 2021
A. Kossik, K. Hitschmann, *Die sozioökonomische Transformation*,
https://doi.org/10.1007/978-3-662-62950-5_5

Was meinen wir damit? Transformationsprozesse lassen sich nicht einfach so mal nebenbei bewältigen. Sie benötigen eigene Rahmenbedingungen und Ressourcen, um langfristig erfolgreich zu sein. Die Kapazitäten, um neben dem üblichen Tagesgeschäft Neues entstehen lassen zu können, die müssen ganz bewusst freigeschaufelt werden. Neue Abläufe, neue Denkweisen, neue Haltungen gehören eingeübt, bis sie wirklich in Fleisch und Blut übergegangen sind, und bis dahin kann es durchaus „menscheln" und Rückschläge geben. Das ist völlig normal. Um etwas erreichen zu können, auf das man noch lange stolz zurückblicken kann, muss es nämlich nicht nur herausfordernd sein, sondern auch mit der Weiterentwicklung der eigenen Fähigkeiten einhergehen. Echte Wellenreiter lassen sich jedoch von so etwas nicht abhalten, schließlich sind sie Visionäre und haben heute schon verstanden, wie sie und die Menschen in ihrer Umgebung in Zukunft davon profitieren werden.

5.1   Theorie ist gut – Praxis ist viel, viel besser

Wo und wie können wir die Vorteile von psychosozialer Gesundheit nun in Unternehmen oder anderen Organisationen einsetzen? Wir wollen hier anhand von vier zentralen Unternehmensbereichen aufzeigen, wie sich Vertrauen, Angstfreiheit, Kooperationsfähigkeit und sinnerfüllte Tätigkeiten praktisch in messbare kommerzielle Erfolge umsetzen lassen. Wir dürfen in diesem Zusammenhang nicht vergessen, dass die 6. Welle ein alle Lebensbereiche berührendes sozioökonomisches Phänomen ist. Die Wirtschaft – und mit ihr die Unternehmen und die Organisationen – ist daher in eine zunehmend empathischer werdende Gesellschaft eingebettet, die auch immer lauter ein psychosozial gesundes Umfeld einfordert. Mitarbeiter, Kunden und Kooperationspartner erheben an die Wirtschaft spürbar einen humanistischen Anspruch. Gleichzeitig sind sie Träger des wichtigsten Assets im 21. Jahrhundert – des Wissens. Damit wird der Mensch selbst zum zentralen Erfolgsfaktor allen Wirtschaftens.

5.1.1 Mitarbeiter

„The magic formula that successful businesses have discovered is to
treat customers like guests and employees like people.“
Tom Peters, Amerikanischer Unternehmensberater und Autor (*1942)

Eine der Branchen, mit der wir es beruflich häufiger zu tun haben, ist
die Transport- und Logistikindustrie. Immer wieder hört man von In-
sidern, dass es in diesem Wirtschaftssektor besonders schwer ist, quali-
fiziertes Fachpersonal zu bekommen und zu halten. Vor allem der auch
international immer wieder thematisierte Mangel an Berufskraftfahrern,
Disponenten und Speditionskaufleuten setzt den Unternehmen zu und
war bereits Thema so mancher Round-Table-Diskussion und Krisen-
sitzung. Vereinzelt trifft man jedoch auf Unternehmen, in denen die Mitarbeiter schon seit Jahren gerne arbeiten, und die kein Problem damit
haben, junge Menschen für einen Beruf zu begeistern, den viele für „un-
sexy" halten. Was ist dort anders?

Spätestens seit dem COVID-19-bedingten Lockdown im Frühjahr
2020 und der damit einhergehenden „Klopapierkrise" ist jedem die Bedeutung von Logistikdienstleistungen für das tägliche Leben eindringlich
vor Augen geführt worden. Logistik ist systemrelevant. Ähnlich wie das
in anderen Berufsgruppen wie beispielsweise beim medizinischen Personal der Fall ist, ist auch das Lagern, Verteilen und Befördern von Waren
ein Knochenjob, der selten mit „normalen" Arbeitszeiten einhergeht.
Auch sind die Margen in dieser sehr kompetitiven Branche verhältnismäßig gering und es wird gerne dort gespart, wo es nach den bisher vor-
herrschenden Optimierungsprinzipien scheinbar am einfachsten geht:
bei den Mitarbeitern. Mediale Berichte über prekäre oder ausbeuteri-
sche Arbeitsverhältnisse in den Distributionszentren großer Online-
Handelsplattformen, bei den selbstständigen Paketzustellern oder bei
den mittlerweile hauptsächlich aus osteuropäischen Ländern stammen-
den Lkw-Fahrern bringen immer wieder schwarze Schafe ans Tageslicht
und sie haben in den letzten Jahren zum schlechten Image der gesamten
Branche beigetragen. Gegen dieses Bild arbeiten viele Unternehmen
bewusst an und haben mit ihren Maßnahmen auch gute Erfolge. Sie in-

vestieren konsequent Zeit, Geld und auch Herzblut, um für alle ihre Mitarbeiter menschenwürdige Rahmenbedingungen zu schaffen, unter denen diese selbst anstrengende und unangenehme Jobs gut und gerne machen können. Flexible Arbeitszeitmodelle sind dort ebenso eine Selbstverständlichkeit wie Maßnahmen zur Absicherung der psychischen und physischen Gesundheit oder eine faire Bezahlung. Alle Mitarbeiter, auch Lagerarbeiter oder Fahrer, wissen dort, dass sie Leistungsträger der unternehmerischen Wertschöpfung sind – denn sie werden auch als solche behandelt. Und das Ergebnis gibt diesen Unternehmen Recht. Mitarbeiterfluktuationen gehen gegen Null, Lehrlinge reißen sich um einen Ausbildungsplatz, der gute Ruf wird über Mundpropaganda weitergetragen.

Die Strukturen des Arbeitens verändern sich

Dass sich die strukturellen Rahmenbedingungen, unter denen Mitarbeiter ihre Arbeitsleistung erbringen, gerade in einem massiven Veränderungsprozess befinden, war bereits vor der COVID-19-Krise abzusehen. Lockdown-Maßnahmen haben diese schon zuvor existierenden Trends weiter beschleunigt. Die digitale Transformation von Wirtschaft und Gesellschaft wurde dadurch auf eine völlig andere Ebene katapultiert. In weniger als einem Jahr wurden unter dem Druck der äußeren Rahmenbedingungen plötzlich Lösungen umgesetzt, deren Implementierung üblicherweise wesentlich länger gedauert hätte – Arbeiten und Lernen über das Internet, Vertrieb und Kundenservice über Videokonferenz, Datenzugriff für verstreute Teams über Cloudlösungen, das alles wäre noch zu Beginn des Jahres 2020 undenkbar gewesen, wurde aber schnell zu einer Notwendigkeit. Damit ist auch der endgültige Beweis erbracht, dass unkonventionelle Arbeitsmodelle nicht nur möglich, sondern auch praktisch machbar sind.

Doch warum sträuben sich Organisationen so sehr dagegen, ihren Mitarbeitern größere Freiräume zu gewähren? Das liegt zum einen daran, dass unsere gesamte Wirtschaft nach wie vor ziemlich reflexartig nach dem Tauschprinzip „Zeit gegen Geld" funktioniert. Mitarbeiter leisten einen Dienst ab, der nur selten nach Ergebnis, sondern meist nach Stunden entlohnt wird. Jede Führungskraft, die schon einmal eine alleinerziehende Mutter in Teilzeitarbeit im Team hatte, weiß, dass engagierte und gut organisierte Frauen in 30 Stunden oft wesentlich mehr erreichen können als so mancher Vollzeitmitarbeiter. Außerdem – und damit kommen wir wieder auf die Themenfelder Angst und Vertrauen aus dem vorigen Kapitel zurück – fürchten sich viele Manager davor, über ihre im Homeoffice oder in Teilzeit arbeitenden Mitarbeiter keine vollständige Kontrolle ausüben zu können. Sie wissen nicht mehr ganz genau, wann und wie viel Zeit sie einbringen, und sie können auf ihr Wissen und ihre Leistungen nicht mehr so unmittelbar zurückgreifen, wie das bisher im Büro der Fall war. Vermeintlicher Kontroll-, Wissens- und Leistungsverlust verursacht nach wie vor Unbehagen. Diese Haltung steht aber im völligen Widerspruch zu den Bedürfnissen der Menschen und den Erkenntnissen über psychosozial gesunde Organisationen, in denen gegenseitiges Vertrauen und Sich-aufeinander-verlassen-Können die höchsten Prioritäten darstellen.

Aber welche Anforderungen haben Organisationen an ihre Mitarbeiter? Was ist – einmal ganz pragmatisch betrachtet – deren Bedürfnis? Es erfordert schon jede Menge an finanziellen Vorleistungen, um einen qualifizierten Mitarbeiter für eine bestimmte Funktion nicht nur zu finden, sondern ihn entsprechend einzuschulen bzw. in die Organisationsstruktur und ihre Prozesse einzugliedern. Damit repräsentiert diese Person, sobald sie die an dieser Position erforderliche Arbeitsleistung dann auch tatsächlich erbringen kann, eine unternehmerische Investition. So gesehen ist es zwar völlig legitim, wenn Organisationen den Anspruch erheben, dass sich diese Vorinvestitionen auch irgendwann lohnen sollen. Dieser Anspruch wird aber zukünftig weder mit einer besitzergreifenden Haltung, die allein aus Angst vor Kontroll- und Wissensverlust heraus entsteht, noch mit der Kompensationsstrategie, Leistungsträger deutlich über die verfügbaren 100 Prozent hinaus zu beanspruchen, erfüllt werden.

Die Bedürfnisse der Menschen verändern sich
Wie aber das vorher beschriebene Beispiel der Transport- und Logistikbranche zeigt, wird es vor allem immer schwerer, junge Menschen zu begeistern. Denn die Erwartungshaltungen der Unternehmen einerseits und der gerade ins Berufsleben einsteigenden Generation Z andererseits klaffen teilweise meilenweit auseinander. Im Gegensatz zur Generation der Babyboomer und der nachfolgenden Generation X, die heute in den

internationalen Top-Managementpositionen sitzen, haben junge Leistungsträger nämlich völlig andere Werte und damit auch völlig andere Motivatoren. Bei der Generation der zwischen 1950 und Mitte der 1980er-Jahre Geborenen dienten noch materieller Wohlstand, Macht und Prestige als sprichwörtliche Karotte. Junge Berufseinsteiger wollen sich jedoch engagieren. Sie wünschen sich eine Aufgabe, die Sinn macht, die herausfordernd und interessant ist und die mit ihrer eigenen Wertelandschaft übereinstimmt – sie wollen „Purpose". Ihre Haltung ist mit modernen Organisationen, die dezentralisiert arbeiten und über möglichst flache Hierarchien verfügen, eher kompatibel als mit traditionellen Strukturen. Unternehmenskulturen, die Partizipation ermöglichen, werden erwartet. Holt man sie dort nicht ab, suchen sie sich schnell neue Betätigungsfelder und Rahmenbedingungen, die besser zu ihnen passen.

Doch nicht nur Nachwuchstalente haben mit existierenden Organisationsformen ihre liebe Not. Seit 2001 erstellt das Gallup Institut in Deutschland jährlich den sogenannten Engagement Index. Anhand von zwölf Fragen zum Arbeitsplatz und -umfeld wird erhoben, wie stark sich Mitarbeiter an das Unternehmen, in dem sie beschäftigt sind, gebunden fühlen. Es handelt sich also um eine Studie, in der die Wahrnehmung der Arbeitnehmer zur Arbeitsplatzqualität zum Thema gemacht wird und die damit evaluiert, wie sich die emotionale Bindung der Mitarbeiter auf die Leistung und Wettbewerbsfähigkeit der Unternehmen auswirkt. Das Ergebnis sieht – von minimalen Schwankungen abgesehen – seit Beginn der Erhebungen ähnlich aus: Eine Minderheit, maximal 16 Prozent der Beschäftigten in Deutschland, hat eine emotionale Bindung zu ihrem Arbeitgeber. Eine überwältigende Mehrheit, meist knapp unter 70 Prozent, fühlt sich nur wenig gebunden und macht Dienst nach Vorschrift. Der Rest, so zwischen 15 und 20 Prozent, hat gar keine emotionale Bindung zu seinem Unternehmen und hat bereits innerlich gekündigt. Ein spannendes Detail: Zum Höhepunkt der Finanzkrise zwischen 2009 und 2012 lag dieser Wert sogar immer über der 20-Prozent-Marke (Ninc 2019). Und die Lage sieht im gesamten D-A-CH-Raum mit geringfügigen Abweichungen ähnlich aus. Innerer Rückzug und emotionale Isolation sind eindeutige Zeichen dafür, dass Erwartungshaltungen der Mitarbeiter nicht erfüllt und ihr Vertrauen enttäuscht wurde.

Für Unternehmen ist mangelndes Zugehörigkeitsgefühl vor allem deshalb problematisch, weil es erwiesenermaßen zu einer hohen Rate an Fluktuationen führt und distanzierte Mitarbeiter auch weniger Eigeninitiative, Leistungsbereitschaft und Verantwortungsbewusstsein zeigen. Interessant ist diese Studie vor allem durch Beobachtungen dazu, welche Faktoren den Arbeitnehmern wichtig sind, damit sie sich in ihrem Arbeitsumfeld emotional engagieren können. Dabei sind Arbeitsplatzsicherheit, Entlohnung, Sozialleistungen, flexible Arbeitszeit oder die Zahl der Urlaubstage zwar durchaus wichtig, allerdings haben sie kaum einen Einfluss auf die emotionale Bindung. Die „Möglichkeit, das zu tun, was man richtig gut kann" wird in diesem Zusammenhang fünfmal wichtiger bewertet als das Gehalt. Entscheidend sind außerdem Faktoren wie Führungsqualität, eine herausfordernde, abwechslungsreiche und als sinnvoll empfundene Tätigkeit sowie die soziale Interaktion mit den Kollegen. Diese Aufzählung des Gallup Instituts gibt bereits gute Hinweise darauf, in welche Richtung Maßnahmen in Organisationen gehen müssen, um Mitarbeiter wieder aus der inneren Distanz zurückzuholen. Sie decken sich mit den Anforderungen für das erfolgreiche Reiten der 6. Welle. Denn in psychosozial gesunden Organisationen wird es nicht mehr notwendig sein, sich ständig nach neuen, zusätzlichen Mitarbeitern umzusehen. Stattdessen wird das umfangreich schlummernde Potenzial bestehender Mitarbeiter gehoben, indem diese aktiv in offene Entwicklungsprozesse eingebunden werden und ihr eigenes Arbeitsumfeld mitgestalten können. Denn finden Mitarbeiter in ihrer Tätigkeit Sinn und sozialen Rückhalt und wird ihnen für ihr Engagement auch noch die entsprechende Wertschätzung entgegengebracht, entsteht auch emotionale Bindung.

Apropos Führungsqualität: Gerade einmal jeder fünfte Arbeitnehmer kann laut Gallup-Studie sagen, dass ihn die Führung, die er im Unternehmen erlebt, dazu motiviert, hervorragende Arbeit zu leisten. Das mag unter anderem daran liegen, dass es noch immer üblich ist, bei der Besetzung von Führungspositionen Fachkompetenz höher zu bewerten als emotionale Kompetenz. Der beste Vertriebsmitarbeiter wird zum Vertriebsleiter, der beste Techniker zum Teamleiter, der beste Arzt zum Stationsleiter, um nur einige plakative Beispiele aus der täglichen Praxis zu nennen. Empathiefähigkeit und emotionale Intelligenz werden aber –

wie wir ausführlich diskutiert haben – zukünftig zu Schlüssel-
qualifikationen. Da diese Fähigkeiten jedoch erfahrungsgemäß bei Frauen
besser ausgeprägt sind als bei Männern, gehen wir davon aus, dass wir
mit der 6. Welle wohl einen deutlichen Aufschwung bei weiblichen
Führungskräften erleben werden.

Stellen Sie Ihr Unternehmen authentisch dar

Die höchste Fluktuation stellen wir in Unternehmen fest, die versuchen,
„bestmögliche Mitarbeiter" mittels aufpolierter Glanzwelten anzulocken.
Fallen Leistungsträger und Nachwuchstalente auf den äußeren Schein rein,
werden sie entweder die bezahlten Ausbildungen machen, Erfahrung sammeln und diese dann beim nächsten Unternehmen produktiv einbringen,
oder sie gehen mangels kurzfristiger Alternativen in einen passiven Warte-
modus – siehe innere Kündigung.

Diese Beobachtung widerspricht scheinbar dem aktuellen Trend zum
„Employer Branding", bei dem eine Arbeitgebermarke das bestmögliche
Image nach außen transportieren soll, um ideale Kandidaten für die verfügbare Position zu finden – also ein Personalmanagement mit Marketing-
agenda. Unserer Erfahrung nach erhöht das zwar die Menge der Be-
werbungen, aber nicht notwendigerweise die Loyalität zum Unternehmen.
Letztendlich ist das nur viel Aufwand für wenig Nutzen, also ein sprichwört-
liches totes Pferd.

Gehen Sie im Personalmanagement doch den mutigeren Weg und stellen Sie Ihr Unternehmen authentisch dar. Nehmen Sie einfach einmal an,
dass Ihre Kandidaten bereits empathisch genug sind, authentischen Angeboten den Vorzug zu geben. Und gehen Sie bitte davon aus, dass unterschiedliche Kandidaten auch unterschiedliche Unternehmenskulturen und
Werthaltungen bevorzugen – hier gibt es kein „one-size-fits-all". Je besser
Sie das Stärken-Schwächen-Profil Ihrer Organisation herausarbeiten können, je authentischer Sie in der Lage sind, dieses zu kommunizieren, desto
zufriedenere und emotional verbundenere Mitarbeiter werden Sie finden.
Was in der schwierigen Transport- und Logistikbranche funktioniert, gilt
auch für alle anderen Branchen.

5.1.2 Kundenbindung und Neugewinnung

„I've learned that people will forget what you said, people will forget
what you did, but people will never forget how you made them feel."
    Maya Angelou zugeschrieben, Amerikanische Schriftstellerin und
Bürgerrechtlerin (1928–2014)

Wenn Kunden eine Kaufentscheidung zwischen zwei ähnlichen Produkten mit gleichem Preis treffen müssen, wird es schwer, objektivierbare Kriterien zu finden. Die tatsächliche Entscheidung findet dann im Unbewussten statt, und zwar abhängig davon, welchem der Anbieter größeres Vertrauen entgegengebracht wird. Nicht nur bei der Wahl zwischen vergleichbaren Produkten, sondern auch bei besonders außergewöhnlichen oder teuren Anschaffungen bzw. bei großer Unsicherheit beeinflusst Vertrauen die Kaufentscheidung in einem hohen Maß. Vertrauen Kunden darauf, dass die angeführten Produktbeschreibungen in der Praxis erfüllen, was sie in der Theorie versprechen, und dass ihnen obendrein im Reklamationsfall geholfen wird, so ist eine Entscheidung meist schon gefallen, bevor die Vor- und Nachteile eines Kaufs überhaupt rational abgewogen worden sind.

Dieser Umstand ist auch den Motivforschern nicht entgangen. Sie haben bereits in den 1980er-Jahren begonnen, sich mit diesen unbewussten Vorgängen zu beschäftigen und haben den Verkaufs- und Marketingabteilungen eine einfach umzusetzende Formel in die Hand gegeben: Das Kundenvertrauen steigt mit der physischen Nähe und Kommunikationsfrequenz des Anbieters. Das war das Credo jedes Verkaufstrainings in den 1990er-Jahren. Auch heute finden sich in Unternehmen noch viele Auswirkungen dieser Formel. Um Neukunden zu gewinnen und die Umsätze zu steigern werden immer mehr Vertriebsleute beschäftigt. Deren hauptsächliches Ziel scheint es zu sein, möglichst viele Kundenbesuche und Telefonate zu absolvieren, die dann wiederum in immer umfassenderen Customer-Relationship-Management(CRM)-Systemen zu verwalten sind. Das Tempo, mit dem Markenbotschaften verfasst werden, zieht merklich an. Dank digitaler Technologien verbreiten sie sich auch in rasant steigender Menge auf vielen parallelen Kanälen. Lokale Niederlassungen, Flagship-Stores in bester Lage und multimediale Online-Präsenzen verschlingen enorme Aufwände. Dieses Konzept hat bisher auch ganz gut funktioniert, allerdings bemerken Fachleute bereits seit geraumer Zeit, dass die unwidersprochene Allgemeingültigkeit dieser Vertrauensformel deutlich nachlässt.

Die Demokratisierung der Vertrauensbildung
Die zunehmende Durchdringung unserer Gesellschaft mit Smartphones, Tablets und sozialen Medien hat nämlich bewirkt, dass sich die Muster,

nach denen Vertrauensbildung zwischen Anbieter und Kunden abläuft, in den letzten 10–15 Jahren massiv verändert, man könnte sogar sagen, demokratisiert haben. Sie unterliegen nicht mehr ausschließlich der Kontrolle von Vertriebs- und Marketingabteilungen. Kundenbewertungen sowie die Transparenz, Reaktions- und Interaktionsfähigkeit eines Anbieters sind zu bedeutenden Einflussgrößen in der Vertrauensbildung aufgestiegen. Damit kann es heute durchaus vorkommen, dass Unternehmen zwar immer mehr Budget, Zeit und Energie aufwenden, um die Anzahl an Kundenkontakten, Marketingkampagnen und Outlets zu erhöhen, dass sich im Gegenzug jedoch die gewünschte Umsatzsteigerung oder Neukundengewinnung mit diesen altbewährten Maßnahmen nicht mehr so leicht erzielen lassen. Damit treffen wir auch in diesem Zusammenhang wieder auf ein Anzeichen der Systemkrise und auf einen weiteren vergeblichen Versuch, das bereits tote Pferd zu reiten. Denn Vertriebs- und Marketingabteilungen sind für sich genommen ebenso wenig dazu in der Lage, das gewünschte transparente und authentische Kundenerleben herzustellen, wie es Abteilungen für Nachhaltigkeit und Corporate Social Responsibility gelingen kann, die Werte ihrer Kunden im eigenen Unternehmen umzusetzen. Und so münden viele – vielleicht sogar gut gemeinte – Aktivitäten nur in oberflächlich aufgeklebten Labels, die von den Kunden in einem demokratisch organisierten Markt schnell durchschaut und noch schneller abgestraft werden. Wertebruch und Vertrauensmissbrauch ziehen heutzutage wahrscheinlich die teuersten und umfassenden Konsequenzen nach sich, was einem durch Social Media Shitstorms oder öffentlich zelebrierte CEO-Verhöre in Aufsichtsratssitzungen immer wieder deutlich vor Augen geführt wird.

Kundenvertrauen als Managementaufgabe
Die Aufgabe, ein Unternehmen für Kunden transparent und authentisch zu gestalten, liegt ganz eindeutig bei dessen Management. Die strategische Ausrichtung aller Abteilungen und Fachbereiche auf die Bedürfnisse der Kunden kann weder eine Stabsstelle noch das Marketing leisten. Das gesamte Unternehmen muss in die Lage versetzt werden, seine Kunden in ihrer Gesamtheit zu verstehen, also mit allen ihren Bedürfnissen und den zugrunde liegenden Motiven und Werthaltungen. Dazu muss aber die Empathiefähigkeit aller Mitarbeiter und Führungskräfte, allen voran

aber die des Managements, aktiv gestärkt werden. Erst wenn alle Fachbereiche eines Unternehmens ein gemeinsames, authentisches Kunden-
bild entwickeln konnten, werden alle an einem Strang ziehen und den
vielschichtigen Kundenerwartungen gerecht werden. Mit sozialer Unordnung und den damit verbundenen Egoismen und Ängsten, mit Misstrauen und anderen störenden Einflüssen im eigenen Unternehmen wird
so etwas ganz sicher nicht gelingen. Es liegt also auf der Hand, dass man
hier auf der Basisinnovation der 6. Welle aufsetzen muss: Erst in psychosozial gesunden Organisationen werden alle Beteiligten die notwendige
Wertschätzung für Kunden aufbringen können, die es dafür braucht, um
sich mit deren Bedürfnissen eingehend und ohne Ablenkung auseinanderzusetzen.

Eine hohe Empathiefähigkeit hilft Unternehmen auch, zielgerichteter
vorzugehen. Heute bekommt man oft den Eindruck, dass Unternehmen
mit Informations-Schrotflinten in einen Kunden-Nebel schießen und
dabei hoffen, mit ihrer Werbebotschaft den einen oder anderen Treffer zu
erzielen. Würden sie sich aber weniger mit potenziellen Kaufanreizen
und dafür mehr und tiefgreifender mit den Bedürfnissen und Wünschen
ihrer Kunden beschäftigen, könnten sie sich einiges an Aufwand erspa-
ren. Wir haben mit empathischen Methoden in unseren Beratungspro-
jekten schon viele Aha-Erlebnisse erzielen können, wo auch Vertriebs-
und Marketingabteilungen, die in ihren Unternehmen ja bekanntlich als
Kenner ihrer Kunden gelten, auf völlig neue Erkenntnisse über Kunden-
bedürfnisse und Motive gestoßen sind.

Kundenvertrauen ist aber nicht nur eine Angelegenheit für Abteilungen
mit direktem Kundenkontakt. Am Kundenvertrauen müssen vielmehr alle
Unternehmensbereiche gleichermaßen aktiv mitwirken. Denn Kundenvertrauen ist eine heikle Ware, die schnell zerbrechen kann – vor allem, wenn
nicht allen klar ist, wo und wofür ihre Kunden stehen. Deshalb benötigen
Unternehmen, die erfolgreich auf der 6. Welle reiten wollen, ein unterneh-
mensweites „Customer Centric Mindset". Ebenso wie Qualitätssicherung
nicht mehr ausschließlich über die Dokumentation von Prozessen erfolgreich sein kann, sondern stattdessen ein durchgängiges „Quality Mindset"
über alle Hierarchien und Fachgebiete hinweg braucht, so wird eine kun-
denzentrierte Geisteshaltung in allen Unternehmensbereichen Einzug halten müssen. Das ist eine unternehmensweite Aufgabe, für die es eine psy-

chosozial gesunde Organisation braucht. Denn nur durch ehrliche und transparente Informationsweitergabe helfen Unternehmen ihren Kunden, Vertrauen aufzubauen. Die Lösung sind nicht noch mehr Kommunikation, noch mehr Touchpoints oder noch lautere und schnellere Botschaften, die wir in den sozialen Äther schicken, sondern eine „empathische Kommunikation". Unternehmen, die sich in diese Richtung entwickeln, werden ihren Wettbewerbern in der zunehmend empathisch werdenden Gesellschaft der 6. Welle um Nasenlängen voraus sein.

Bedienen Sie sich einfacher Methoden – aber richtig!

In unserer Praxis erzielen wir große Erfolge mit dem Einsatz neuer Methoden aus dem Bereich der „Customer Experience". Dazu zählen unter anderem die „Persona" oder die „Empathy-Map", aber auch die „Customer Journey". Diese Methoden kennen Sie namentlich vielleicht aus dem Marketing oder der Softwareentwicklung. Aber verwenden Sie diese Methoden doch auch einmal für Ihre Geschäfts-, Organisations- und Personalentwicklung. Versuchen Sie, damit bei Ihren Managementkollegen und Mitarbeitern ein breitflächigeres Verständnis für die verdeckten Motive und Bedürfnisse Ihrer Kunden zu wecken. Diese Methoden sind frei verfügbar (googeln Sie einfach danach), einfach anzuwenden und helfen in kurzer Zeit, Ihre Kunden in ihrer Gesamtheit besser zu verstehen. Aber machen Sie daraus keine (interne) Marketingveranstaltung. Wir wissen aus unserer Praxis, dass derartige Methoden auch rasch missbraucht oder herabwertend eingesetzt werden können. Um aber neue Erkenntnisse zu gewinnen und hilfreiche Einblicke in die Welt Ihrer Kunden zu bekommen, benötigen diese Methoden eine empathische und wertschätzende Grundhaltung, die ein geschulter Moderator durchaus herstellen kann.

Und vergessen Sie nicht, alle Kollegen und Mitarbeiter mitzunehmen. Oft sehen wir in solchen Workshops nur Teilnehmer mit direktem Kundenkontakt, beispielsweise aus dem Vertrieb oder dem Customer Service. Nehmen Sie auch Kollegen mit, die mit Kunden nur indirekten Kontakt haben, oder nur einen kleinen Anteil zur Kundenwertschöpfung beitragen. Das hilft Ihnen, ein über alle Fachbereiche und Hierarchieebenen hinweg einheitliches Verständnis über Ihre Kunden zu implementieren.

5.1.3 Transaktionskosten

„The most important contribution management needs to make in the 21st century is similarly to increase the productivity of knowledge and the knowledge worker."

Peter F. Drucker, Ökonom und Pionier der modernen Management-lehre (1909–2005)

Transaktionskosten waren schon immer ein Grundbestandteil des Wirtschaftens. Geht das Eigentum an einem beweglichen oder unbeweglichen Gut auf jemanden anderen über, dann ist dieser Vorgang zwangsläufig mit einem Aufwand verbunden: Bei Waren fallen in der Regel Transportkosten an, bei unbeweglichen Gütern wie beispielsweise Grundstücken werden Transaktionen zum Nachweis des Eigentumsanspruchs in Dokumenten oder Datenbanken festgehalten. Sieht man sich aktuelle Begriffsdefinitionen an, so werden die rund um eine Transaktion anfallenden Kosten durchaus umfassend definiert und es zählen verschiedenartige Aufwände wie etwa Werbekosten, Verhandlungs- und Vertragskosten, aber auch Maklerprovisionen sowie notwendige Produktanpassungen, Zahlungsabwicklungen oder Reklamationen dazu. Das heißt also, dass neben den Produktionskosten für die Herstellung eines Produkts oder einer Dienstleistung auch immer eine Reihe zusätzlicher Kosten für deren Absatz und die damit verbundenen Transaktionen anfallen. Diese Kosten können im Verhältnis zu den eigentlichen Herstellungskosten des Produkts einen durchaus signifikanten Umfang annehmen. Sie müssen dann entweder auf den Produktpreis aufgeschlagen werden oder sie schmälern bei starkem Wettbewerb und Preisdruck den Ertrag. Keine Überraschung also, dass Unternehmen bestrebt sind, derartige Aufwände möglichst gering zu halten. Wie sieht das in der aktuellen Praxis aus?

Transaktionskosten der Industriegesellschaft

Es existiert eine Vielzahl von Transaktionen, die bei jedem Geschäftsfall immer wieder in identer Weise auftreten. Derartige Transaktionen lassen sich daher nicht nur hervorragend standardisieren, sondern vor allem auch optimieren. Idealerweise sind sie sogar automatisierbar. Derartigen Transaktionen begegnen wir häufig im Bereich der industriellen Fertigung. Die in einer Produktionsumgebung existierenden Prozesse, deren genauer Ablauf und die dafür notwendigen einzelnen Arbeitsschritte lassen sich nicht nur gut beschreiben, sondern auch gut im Detail analysieren. In der Praxis sind derartige Prozessanalysen und deren Dokumentation Teil des Qualitätsmanagements. Folgen sie bestimmten Normen, wie beispielsweise der ISO-9000-Norm, dann können sich Unternehmen ihre Qualitätssicherungsmaßnahen auch entsprechend zertifizieren lassen. Inzwischen lässt sich nicht nur die Qualität von Prozessen der industriellen Fertigung, sondern auch von kundenwirksamen Transaktionen, also Transaktionen, die über die eigentliche Herstellung eines Produkts oder einer Dienstleistung hinausgehen, sichern und optimieren. Dazu zählen typischerweise die Vertrags- oder Auftragsabwicklung, aber auch Reklamations- oder Verbesserungsprozesse. Sind derartige standardisierbare Transaktionen einmal ordentlich dokumentiert, dann lassen sie sich auch durch die Kostenbrille betrachten und ökonomisch optimieren. Das führt dann zu Überlegungen, wie derartige Vorgänge schneller und vor allem mit geringerem Aufwand durchführbar wären. Tatsächlich findet die ökonomische Betrachtung kundenwirksamer Prozesse in der Praxis aber seltener statt, als man annehmen möchte, denn ihre Optimierung kann durchaus mit erheblichem Aufwand verbunden sein und beträchtliche Zeit- und Geldressourcen verschlingen. In der Regel rentiert sie sich nur dann, wenn dadurch in absehbarer Zeit auch eine nachhaltig spürbare Reduktion der laufenden Aufwände zu erwarten ist. Prozessoptimierungen finden daher nur bei solchen Transaktionen statt, deren Aufwände im Verhältnis zur erbrachten Dienstleistung schmerzlich hoch sind.

Nehmen wir nur als Beispiel einmal Transaktionen, die selbst nicht Teil, aber Grundvoraussetzung für die Erbringung einer Dienstleistung sind, wie die Eröffnung eines Bankkontos, die Prüfung eines Bankkredits oder die Abwicklung eines Versicherungsantrags. Diese laufen zwar immer nach dem gleichen Muster ab, wurden jedoch aufgrund der zunehmenden Regulierung der Finanzmärkte in den letzten Jahren für Banken und Versicherungen deutlich aufwendiger. Daher wurden diese Transaktionen sowohl zu einem breiten Anwendungsbereich für Prozessoptimierungen als auch für zunehmende Automatisierung. Das geht sogar so weit, dass neu gegründete Banken – sogenannte FinTech Start-ups – daraus ein neues Geschäftsmodell gemacht und diese Prozesse fast vollständig digitalisiert haben. Ein weiteres, sehr anschauliches Beispiel sind Reklamationsprozesse. Das sind Transaktionen mit Kunden, deren Logistik und Abwicklung durchaus sehr komplex und teuer werden kann. Sie

stellen aber in Zeiten des E-Commerce, bei dem die Kundenzufriedenheit und die damit verbundenen Kundenrezensionen zu einem bedeutenden Qualitätsaspekt geworden sind, einen Kernprozess dar. Trotzdem
müssen Kunden bei einer Reklamation häufig noch immer umfangreiche, teilweise gar nicht auffindbare Daten über das Produkt angeben,
müssen Rechnungen vorweisen und Termine, Nachsendungen oder
Rücksendungen organisieren – ein Ärgernis und hoher Aufwand sowohl
für den Kunden als auch den Lieferanten. Ein erster Schritt in Richtung
Optimierung waren gut trainierte Call-Center, mit dem Ziel, den zeitli-
chen Aufwand pro Reklamationsfall deutlich zu reduzieren. Modernere
Hersteller arbeiten bereits mit Webseiten, die aus Kundensicht mal besser, mal schlechter aufgebaut sind, aber dem Lieferanten jedenfalls Zeit
und Kosten sparen. Einen ganz besonderen Schritt ist jedoch Amazon
gegangen und hat in seinem Fahrwasser gleich viele andere Anbieter mit-
genommen. Als hocheffiziente Online-Handelsplattform reduzierte das
Unternehmen sämtlichen Reklamationsaufwand von Anfang an auf ein
Minimum. Im besten Fall übernimmt Amazon nur noch die Kosten für
die Rücksendung oder die Produktkosten für eine neuerliche Nachsen-
dung, gänzlich ohne Nachfrage, Prüfung oder Nachforschungen.

Grundsätzlich lässt sich festhalten, dass Transaktionen, die im Wesentlichen nur Daten austauschen, zu einem hohen Grad standardisier- und
damit optimierbar sind. In der wirtschaftlichen Praxis findet man diese
Art der Prozessoptimierung hauptsächlich in den Bereichen der Auftrags-
und Finanzabwicklung. Allerdings wäre hier mit einem professionellen
Changemanagement noch viel zu holen. Vor allem dann, wenn standar-
disierte Abläufe nicht nur effizienter gestaltet, also optimiert werden (=
Wandel 1. Ordnung), sondern wenn dabei auch noch Muster- und
Regelveränderungen (= Wandel 2. Ordnung) stattfinden würden (siehe
dazu auch Abschn. 3.3).

Transaktionskosten der Wissensgesellschaft
Ganz anders sieht das aber für die Transaktion von Information und Wissen aus. Der fünfte Kondratjew-Zyklus, die Welle der Digitalisierung, hat
uns mit großen Schritten vom Zeitalter der industriellen Fertigung in ein
neues Zeitalter katapultiert, in dem neben Produkten und Dienstleistungen auch viele Informationen ausgetauscht werden. Damit wird die An-

gelegenheit aber noch viel komplexer, denn bei derartigen Transaktionen, werden Informationen nicht nur einfach übertragen, sondern sie müssen auch interpretiert, praktisch angewendet bzw. in neues Wissen übersetzt werden. Solche Abläufe sind überhaupt nicht standardisierbar und daher mit den weithin bekannten Mechanismen der Prozessoptimierung nicht mehr zu erfassen. Sie benötigen zu ihrer Optimierung vielmehr eine völlig neue und größtenteils noch unbekannte Herangehensweise. Sie werden deswegen noch nicht einmal als Optimierungsfeld erkannt und in Angriff genommen. Gleichzeitig steigt die Menge der Informations- und Wissenstransaktionen in der heutigen Wirtschaft aber massiv an und produziert ständig wachsende Kosten: die Transaktionskosten der Wissensgesellschaft.

Gehen wir gedanklich noch einmal einen Schritt zurück zur Begriffsdefinition von Transaktionskosten. Der britische Wirtschaftswissenschaftler Ronald Harry Coase hat in diesem Zusammenhang mit seinem Artikel „The Nature of the Firm" bereits im Jahr 1937 einen viel weiter gefassten Ansatz formuliert (Coase 1937). Coase beobachtete, dass Transaktionskosten nicht nur bei Transaktionen zwischen Unternehmen und ihren Kunden auftreten, sondern auch bei Transaktionen innerhalb eines Unternehmens. Seinen Überlegungen zufolge besteht in Unternehmen zwischen unterschiedlichen Abteilungen und Hierarchien ein informelles „Vertragsgeflecht", das auch entsprechende Kosten verursacht. Was genau meint er damit? Seine Metapher, dass Mitarbeiter mit ihren Vorgesetzten über die Zeit so etwas wie informelle Verträge der Zusammenarbeit ausgearbeitet haben, aber auch ganze Abteilungen oder Fachbereiche untereinander über solche Vereinbarungen verfügen, führt uns zu dem Bild vieler unterschiedlicher Kunden-Lieferanten-Beziehungen innerhalb eines Unternehmens. Und dieses Bild kennen wir auch aus der Praxis.

Eine Organisation ist also nach Coase kein völlig durchlässiges Gebilde, in dem Informationen und Wissen barrierefrei ausgetauscht werden. Bei näherer Betrachtung sieht man auch schnell, welchen Aufwand Unternehmen heute auf sich nehmen, um ihre Informationsflüsse zu organisieren. Zum einen wird eine Vielzahl völlig unstrukturierter persönlicher, telefonischer oder elektronischer Einzelgespräche geführt. Diese tragen ganz wesentlich zur internen Kommunikation bei, da sie vor allem einen vertraulichen Rahmen bieten und so zum ungefilterten Austausch wertvoller Informationen führen. Zusätzlich findet eine Reihe informeller Meetings statt, die meist ohne Agenda und auch oft ohne Zeitplan abgehalten werden. Dort wird über bereits eingespielte Verhaltensweisen gesteuert, welche Art von Information überhaupt miteinander geteilt wird und ob diese strukturiert, unstrukturiert, vertraulich oder formal ist. Zusätzlich werden auch noch unzählige Abstimmungs- und Projektmeetings abgehalten, an denen immer mehrere Personen gleichzeitig teilnehmen müssen. Sie sind oft interdisziplinär aus unterschiedlichen Fachbereichen und Hierarchieebenen besetzt. In Stil und Ablauf unterliegen solche eher formalen Meetings gewissen Ritualen, die dem Rollenverständnis der anwesenden Teilnehmer folgen und es werden nur die notwendigsten Informationen auf den Tisch gelegt. Alles, was dort gesagt oder gezeigt wird, ist in der Regel geprüft, abgesichert und für alle gleichermaßen gültig. Ein informeller Austausch findet, wenn überhaupt, nur am Rande statt.

Wirft man einen Blick auf die Kalender hoch bezahlter Manager und Fachkräfte, dann sieht man den enormen Zeitaufwand, der allein für den Austausch praktisch anwendbarer Informationen innerhalb eines Unternehmens aufgewendet wird. Dieser Austausch gestaltet sich aufgrund bestehender „Vertragsgeflechte" zwischen den handelnden Personen, Abteilungen und Hierarchieebenen jedoch äußerst unproduktiv: Information/Wissen wird vor der Weitergabe nicht nur gesteuert bzw. gefiltert, sondern bei seiner Weitergabe wird auch nicht darauf geachtet, ob es beim Gegenüber so ankommt, dass es optimal verstanden und genutzt werden kann.

Hier begegnen wir also einem großen, in seinen Ausmaßen heute beinahe unvorstellbaren Potenzial zur Steigerung der Produktivität. Da wir es jedoch mit unstrukturierten, kontextbezogenen Informationsflüssen zu tun haben, die nicht standardisierbar sind, lässt sich dieses Potenzial aber nicht mit den bekannten Methoden der Prozessoptimierung heben. Es braucht also andere Möglichkeiten, Wissen und Informationen innerhalb von Unternehmen, einfacher, rascher, effizienter, aber auch produktiver auszutauschen. Oder um es mit Coase auszudrücken: Um die Transaktionskosten der Wissensgesellschaft zu reduzieren, braucht es besser gestaltete Verträge. Im Kontext des 6. Kondratjew-Zyklus sprechen wir statt von Vertragsgeflechten von sozialer Unordnung, die uns enorme

Aufwände und Kosten für die Informations- und Wissenstransaktion beschert. Der Schlüssel, um diesen Aufwand zu minimieren, ist also eine psychosozial gesunde Organisation.

Beseitigung sozialer Unordnung
Wenn wir vorhin bereits erwähnt haben, dass es zur Optimierung von Prozesskosten zuerst eine Investitionsphase braucht, dann gilt das in gleicher Weise für die Optimierung von Informations- und Wissenstransaktionen. Was können wir also unternehmen, um die soziale Unordnung in Unternehmen zu beseitigen? Und warum erspart sich eine psychosozial gesunde Organisation so viel Zeit und Geld? Wir haben ja bereits postuliert, dass die Weitergabe von Informationen und Wissen in Meetings extrem unproduktiv erfolgt. Weshalb ist das so? Typische Meetings binden jede Menge Ressourcen. Üblicherweise sitzt eine ganze Menge Menschen über längere Zeit in einem (auch virtuellen) Raum. Einer spricht/präsentiert, alle anderen hören zu. Die Zuhörer haben obendrein noch ihre psychosozialen Filter eingeschaltet. Menschen bewerten nämlich sämtliche empfangenen Informationen laufend auf Basis ihrer Kongruenz zu ihren eigenen Erfahrungen und filtern nur jene Teile heraus, die nützlich, korrekt und relevant erscheinen. Das führt auf der einen Seite dazu, dass zwar alle im gleichen Meeting sitzen, aber jeder Zuhörer potenziell einen anderen Inhalt empfängt und abspeichert. Auf der anderen Seite werden Meetings als langatmig und wenig nutzenbringend wahrgenommen, auch weil ihre Anzahl mittlerweile überbordend ist.

Hier beobachten wir wieder einmal ein eindeutiges Symptom der Systemkrise und reiten das bereits tote Pferd: Wir versuchen, mit noch mehr Meetings noch mehr an Information zu transportieren, ohne dabei die oben beschriebenen psychosozialen Filter der sozialen Unordnung zu berücksichtigen. Die Gesetzmäßigkeiten von Meetings lassen sich aber auch auf Projekte und andere Formen der sozialen Zusammenarbeit umlegen. Die Verschwendung von Zeit und Energie setzt sich dort fort und führt oft zu Misserfolgen. Um diese Form sozialer Unordnung zu beseitigen, müssen also Filter und andere Kommunikationsbarrieren beseitigt werden, die im Wesentlichen auf unzureichendem Vertrauen sowie auf unterschiedlichen Motiven und Absichten zwischen Personengruppen basieren. Derartige Vertrauensbarrieren entstehen innerhalb eines Unternehmens gerne zwischen verschiedenen Gruppen bzw. Fachbereichen und führen dort durch mangelhaften Austausch von Expertise und Fachwissen zu Formen des Silodenkens. Gleiches gilt auch für die Vertrauensbarrieren zwischen verschiedenen Hierarchieeben wo das Zurückhalten von Information einerseits als Machtinstrument eingesetzt werden kann, andererseits als Schutzmaßnahme dient.

Binnenmärkte des Vertrauens entwickeln
Was können aber Führungskräfte ganz konkret leisten, um einen offenen und vertrauensvollen Umgang miteinander zu fördern? Sie können in ihrem eigenen Einflussbereich sogenannte „Binnenmärkte des Vertrauens" schaffen und aktiv an der Entstehung und dem Ausbau solcher Binnenmärkte arbeiten. Dazu steht eine Menge an teambildenden Maßnahmen zur Verfügung, die mit geringem Aufwand leicht anzuwenden sind. Wichtig dabei ist aber, dass diese Binnenmärkte regelmäßig gepflegt werden. So könnte etwa ein Viertel der Zeit in den ohnehin schon stattfindenden Jours Fixes in Vertrauensbildung investiert werden. Wir müssen allerdings zur Klarstellung darauf hinweisen, dass weder der Bericht über die Freizeitaktivitäten des vergangenen Wochenendes noch der gemeinsame Bau eines Floßes im alljährlich stattfindenden Teambuilding-Workshop in diese Kategorie fallen. Da braucht es schon mehr. Führungskräfte müssen auch im Alltag darauf achten, dass die jeweiligen Erwartungshaltungen im Team direkt angesprochen und ausdiskutiert werden, ohne dass es dabei zu gegenseitigen Verletzungen und Schuldzuweisungen kommt. Auch die Motive und Absichten einer Handlung sowie die Gründe dafür, warum eine gewünschte Leistung gerade nicht erbracht werden kann, müssen angstfrei zur Sprache gebracht werden dürfen. Vertrauen muss ständig genährt, gefördert und ausgebaut werden, weil das soziale System eines Binnenmarkts im Alltag immer wieder Irritationen und Querschlägen ausgesetzt ist. Dafür entwickelt sich in Binnenmärkten des Vertrauens und der gegenseitigen Wertschätzung häufig eine positive Eigendynamik. Derartige Teams beginnen irgendwann von allein ihren Binnenmarkt zu füttern und fordern einen solchen Umgang auch von anderen ein. Dadurch können an vielen Stellen eines

Unternehmens kleine Binnenmärkte entstehen, die wiederum an ihren Grenzen zu anderen Binnenmärkten, Abteilungen oder Fachbereichen weiter an einer gemeinsamen Vertrauensbasis arbeiten werden.

Ein weiteres Handlungsfeld zur Stärkung der Vertrauensbasis in Organisationen sind fachbereichs- und hierarchieübergreifende Projekte. Hier kann das Überwinden des vorher beschriebenen Silo- und Hierarchiedenkens, gruppendynamischer Prozesse oder persönlicher Ressentiments zwischen einzelnen Projektteilnehmern zu einer Herausforderung werden. Denn gegenseitige Vorbehalte und Vorwürfe oder das Zurückhalten von kritischem Wissen gehört in der Praxis noch immer zum Projektalltag. Keine guten Voraussetzungen, um ein gemeinsames Projektziel im vorgegebenen Zeit- und Budgetrahmen zu erreichen. Je komplexer ein Projekt – und das gilt sowohl für die Projektaufgabe als auch für die Zusammenstellung des Projektteams –, desto öfter hören wir in unserer Beraterpraxis von doppelt so langen Projektlaufzeiten, doppelt so hohen Budgets wie ursprünglich geplant.

Die Lösung für ein effizientes und effektives Projektmanagement ist daher nicht nur in einer stringenten Projektplanung zu finden, sondern auch in der Etablierung eines psychosozial gesunden Arbeitsumfelds, eines Projekt-Binnenmarkts sozusagen, in dem gegenseitiges Vertrauen und Offenheit herrscht. Gelingt es, derartige Projekt-Binnenmärkte zu etablieren, kann man davon ausgehen, dass sich der positive Effekt beim Erreichen einer kritischen Masse über das gesamte Unternehmen verteilt. Auf diese Weise können auch in großen Unternehmen Projektleiter und Führungskräfte zusammen systematisch für eine soziale Ordnung sorgen, die sich auf eine psychosozial gesunde Umgangsweise stützt. Die Transaktionskosten für die Weitergabe von Informationen im Unternehmen würden sich massiv reduzieren, das bestehende Wissen könnte produktiv eingesetzt werden, Projekte und Meetings würden eine ganz neue Gestalt annehmen. Dieser Produktivitätsgewinn wird vor allem zu Beginn des 21. Jahrhunderts in einem global stattfindenden Wettbewerb um Informationen zu einem kritischen Erfolgsfaktor. Je besser Unternehmen darin werden, sämtliche Informationen und verfügbares Expertenwissen rasch, unkompliziert und vor allem ungefiltert an jene Stellen des Unternehmens zu transferieren, an denen sie gerade benötigt werden, desto größer wird ihr Marktvorsprung sein.

Schaffen Sie Binnenmärkte des Vertrauens

Dass der Ansatz, psychosozial gesunde Binnenmärkte zu entwickeln, nicht nur in der Theorie funktioniert, wissen wir aus vielen unserer Beratungsprojekte. Wir versuchen, in jedem Projekt durch eine entsprechende Vorbereitung und Einführung eine gemeinsame Vertrauensbasis zu etablieren. Bevor wir uns also an die Inhalte eines Projekts wagen, investieren wir ausreichend Zeit in eine gemeinsame Arbeitsgrundlage im Projektteam, in gleiche Ausgangs- und Motivlagen, in gemeinsame Ziele und Absichten und natürlich auch in ausreichend Offenheit, Transparenz und Augenhöhe.

Führen Sie vor dem Start eines Projekts Einzelinterviews mit allen Teilnehmern, nicht nur zum Projektziel, sondern auch zu den individuellen Ausgangslagen und Erwartungshaltungen. Und entwickeln Sie daraus eine Reihe von Arbeitshypothesen, die Sie am besten gleich zum Projektstart offen mit dem Projektteam besprechen. Dann haben Sie bereits den ersten Schritt in eine vertrauensvolle Zusammenarbeit gelegt. Vergessen Sie aber nicht, diese „Teamverortung" im Projektverlauf öfters zu wiederholen.

In unserer Praxis investieren wir, je nach Projektkomplexität, 20 bis 30 Prozent unseres gesamten Projektaufwands in das Herstellen und die Pflege eines vertrauensvollen Projekt-Binnenmarkts. Dafür ernten wir auch die entsprechenden Früchte in Form von zügigen Projektfortschritten in der Sache und einer 95%igen Erfolgsquote bei den Ergebnissen. Und noch etwas können wir beobachten: Die meist hoch spezialisierten Fach- und Führungskräfte, die Teil unserer Projekte sind, lassen sich von dieser Vertrauensbildung anstecken und streben ab einem gewissen Punkt selbst nach einem vertrauensvollen Umfeld in ihrer eigenen Fachabteilung oder in anderen Projekten.

5.1.4 Kooperationen

„Effectively, change is almost impossible without industry-wide collaboration, cooperation and consensus."

Simon Mainwaring, Amerikanischer Markenexperte und Buchautor (*1967)

Grundsätzlich lässt sich alles, was wir bisher über die Reduktion von Transaktionskosten und die Produktivitätssteigerung in der Wissensarbeit gesagt haben, eins zu eins auf alle Formen der Kooperation übertragen. Dabei sind Kooperationen in ihrer Struktur potenziell komplexer als interne Meetings oder Projekte, denn in diesem Fall geht es darum, über die Grenzen des eigenen Unternehmens hinweg mit anderen Organisationen wie beispielsweise mit Projektpartnern, Forschungspartnern oder Vertriebspartnern zusammenzuarbeiten. Die bereits beschriebenen Barrieren in der Informations- und Wissenstransaktion treten hier also noch einmal verstärkt auf. Die Herausforderung, die sich dabei stellt, ist, Binnenmärkte des Vertrauens auch über die Unternehmensgrenzen hinweg so stabil auszubauen, dass eine reibungs- und verlustfreie Kommunikation sichergestellt werden kann.

Bevor wir uns aber mit unternehmensübergreifenden Formen der Zusammenarbeit beschäftigen, hier noch eine Klarstellung des Kooperationsbegriffs: Viele heute unter der Bezeichnung „Kooperation" laufende Geschäftsbeziehungen stellen im eigentlichen Sinn gar keine Zusammenarbeit, sondern vielmehr ein Kunden-Lieferanten-Verhältnis dar. Erbringt ein Vertriebspartner beispielsweise eine Logistikdienstleistung, so sind wir sein Kunde und werden in der Regel auch so behandelt. Nutzt ein Unternehmen gewisse Softwareprodukte eines IT-Partners, so ist dieser in Wirklichkeit unser Lieferant und wird von uns auch entsprechend behandelt werden. Wenn bei solchen Geschäftsbeziehungen von Kooperationen gesprochen wird, dann sind diese wahrscheinlich bloß unternehmenskritisch, so wie das beispielsweise bei Banken und Versicherungen der Fall ist, wenn diese Teile ihrer EDV auslagern. Beim Auseinanderbrechen derartiger Geschäftsbeziehungen würde vor allem die Kundenseite in diesem Verhältnis großen Schaden nehmen. Daher werden diese umgangssprachlich aufgewertet. Wir wollen an dieser Stelle aber lieber von „strategischen Partnerschaften" sprechen. Dieser begriffliche Unterschied ist uns wichtig, da solche Geschäftspartner nicht notwendigerweise auf Augenhöhe an einem gemeinsamen Ziel zusammenarbeiten.

Wissenskooperationen neu gestalten
Echte Kooperationen finden hingegen dort statt, wo ein Unternehmen für sich allein nicht mehr in der Lage ist, Dienstleistungen oder Wertschöpfungen in der erforderlichen Geschwindigkeit, Qualität oder Preisgestaltung zu erbringen. Genauso, wie es bereits in der industriellen Fertigung aufgrund der zunehmenden Spezialisierung notwendig wurde, mit Kooperationen zu leben, wird sich auch Wissen weiter spezialisieren

und interdisziplinär ausgetauscht werden müssen. Allerdings funktionieren Wissenskooperationen völlig anders als Kunden-Lieferanten-Beziehungen, denn Wissen ist keine Handelsware. Wenn wir Wissen teilen, verlieren wir unser Wissen nicht, es vermehrt sich – anders als dies beim Verkauf einer Ware oder beim Erbringen einer Dienstleistung der Fall ist, deren dafür eingesetzte Arbeitszeit unwiederbringlich verbraucht ist. Eine für alle Seiten gewinnbringende Kooperationen geht also von der Grundannahme aus, dass Wissen nur dann produktiv eingesetzt werden kann, wenn es bedingungslos geteilt wird und an den Übergabeschnittstellen auch nicht mehr über Preise verhandelt wird. Denn solange wir weiterhin für unser Wissen bezahlt werden wollen oder für Wissen bezahlen, findet bestenfalls ein Wissenstransfer statt, dessen Produktivität aber fraglich bleibt und der die Vermehrung von Wissen ausschließt. Wir können das in unserer täglichen Praxis in Organisationen beispielsweise dann beobachten, wenn durch den Einkauf unzähliger Marktstudien oder den Konsum zahlloser Schulungen kein echter Mehrwert entsteht.

Damit Wissen produktiv und innerhalb einer Kooperation für alle Beteiligten gewinnbringend eingesetzt werden kann, braucht es also neben der Bildung von Vertrauensbinnenmärkten auch einen Wertewechsel in Bezug auf die Art und Weise, wie wir mit unserem eigenen Wissen umgehen. Wissen nicht nur zu besitzen, sondern eigenes und fremdes Wissen auch rasch, produktiv und damit ertragsbringend einsetzen und vor allem auch anwenden zu können, wird in der Wissensgesellschaft zu einer neuen Schlüsseldisziplin. Anstatt sich Erfindungen weiterhin rechtlich schützen zu lassen, sollten wir uns einer völlig neuen Herausforderung bewusst werden: Wir werden in Zukunft nicht mehr gegen andere Wissensträger spielen, sondern wir spielen gegen die Zeit. Innovationssieger sind nicht mehr diejenigen, die die längere Liste an Ideen und Innovationen verwalten, sondern vielmehr jene, die die richtige Idee zum richtigen Zeitpunkt tatsächlich umsetzen können. Die kooperative Umsetzung von Wissen erfordert damit neue soziale Fähigkeiten und psychosozial weiterentwickelte Denk- und Handlungsmuster, denn für angstgesteuertes Sicherheitsdenken bleibt da kein Platz mehr. Organisationen werden nur mithilfe gemeinschaftlicher Fürsorge und Wertschätzung in der Lage sein, ihr Wissen bedingungslos für andere zu öffnen, um von den Vorteilen des daraus entstehenden Wissenswachstums zu profitieren.

Wählen Sie Ihre Wissensarbeiter sorgfältig aus

In der wirtschaftlichen Praxis steht uns durchaus eine ganze Reihe an hilfreichen Methoden und Prozessen zur Gestaltung erfolgreicher Kooperationen zur Verfügung. Das Internet ist voll davon. In unserer Beratungstätigkeit stellen wir aber vielfach fest, dass diese Methoden und Entwicklungsprozesse ohne eine entsprechend kooperative Haltung im Projektteam nicht funktionieren. Eine solche Haltung herzustellen ist aber nicht so einfach. Schließlich wurden wir über viele Jahre hinweg in dem Glauben bestärkt, dass unser Wert in unserem Wissen liegt. Wenn wir dieses Wissen nun freizügig mit anderen teilen, laufen wir also scheinbar Gefahr, unwichtig zu werden. Verschenken wir ohne Gegenleistung unser Wissen an „Fremde", veruntreuen wir vermeintlich potenzielles Firmeneigentum. Wir werden die Herausforderungen immer volatiler werdender Märkte und komplexer werdender Aufgabenstellungen jedoch nur durch Kooperation lösen können. Das übersehen viele Wissensträger noch.

Wählen Sie daher für Ihre kooperativen und interdisziplinären Projekte einen Personenkreis aus, der neben den notwendigen fachlichen und sozialen Qualifikationen auch über emotionale und „humanistische" Kompetenzen verfügt. Denn soziale Kompetenz, im Sinne guter Kommunikationsfähigkeiten allein, reicht hier oft nicht mehr aus. Ein Projektteam muss davon überzeugt sein, dass es nur dann weiterkommt, wenn es sich gegenseitig unterstützt und aufeinander Rücksicht nimmt. Um das leisten zu können, sind eine Reihe von Eigenschaften notwendig, die für psychosozial gesunde Menschen charakteristisch sind: Sie müssen nicht nur zuhören und verstehen, sondern auch auf einer emotionalen Ebene wahrnehmen können – und sie müssen außerdem dazu bereit sein, all diese Wahrnehmungen zum Wohl und zur Stärkung des Teams einzusetzen. Viele Expeditionen in unbekanntes Neuland sind mangels dieser Fähigkeiten schon gescheitert.

5.2   Hilfreiche Konzepte

Wie kann man am besten die ersten Schritte in Richtung eines psychosozial gesunden Systems machen? Wie startet man einen solchen Wandel, um dessen Vorzüge für Organisationen aber auch für jeden Einzelnen zugänglich zu machen? Wir haben darüber gesprochen, dass Wicked Problems nur dann zu lösen sind, wenn die an ihrer Entstehung beteiligten Personen(gruppen) ihr Mindset verändern. Für einen derartigen Wandel der 3. Ordnung ist also ein Werte- und Paradigmenwechsel notwendig, um dieselben Aufgabenstellungen neu betrachten und bewerten zu können. Das ist natürlich leichter gesagt als getan, wie wir tagtäglich an den vielen ungelösten Problemen unserer Gesellschaft sehen können.

Eine in unseren Projekten immer sehr hilfreiche Methode ist das Einnehmen neuer Perspektiven. Aus welchen Blickwinkeln können wir also unsere heutigen Unternehmen und Organisationen betrachten und bewerten, um daraus die richtigen Schlüsse für eine psychosoziale Gesundung abzuleiten? Wir bieten dazu nachfolgend vier solcher Perspektiven oder Konzepte an und laden unsere Leser dazu ein, sich eine Perspektive nach der anderen wie eine „Brille" aufzusetzen und durch diese einen Blick auf heutige Organisationen zu werfen. Wir können aus unserer langjährigen Beratererfahrung versprechen, dass es mit diesem Suchraster jedem Leser möglich wird, auch in seinem eigenen Umfeld erste hilfreiche Ansatzpunkte und Entwicklungsschritte für ein psychosozial gesundes System zu erkennen. Auch wenn die eine oder andere Überschrift schon bekannt vorkommt, empfehlen wir, das Kapitel nicht zu überspringen. Zu oft begegnen wir abwehrenden „Kenne ich schon!"-Haltungen, durch die eine Chance auf neue Perspektiven und Anregungen vergeben wird. Deshalb möchten wir an dieser Stelle diese Konzepte auch einzeln und – so hoffen wir – einfach nachvollziehbar erläutern und in den Kontext der 6. Welle stellen.

5.2.1 Leadership

„I know of no case study in history that describes an organization that has been managed out of a crisis. Every single one of them was led."
Simon Sinek, Britischer Unternehmensberater und Autor (*1973), in „Leaders Eat Last"

Mehr Leadership statt Management
Gerade in turbulenten Zeiten und unter herausfordernden Marktbedingungen wird es an der Spitze von Teams und Organisationen Menschen brau-

chen, die in der Lage sind, den grundlegenden Unterschied zwischen Leadership und Management zu verstehen. Vor allem in der englischsprachigen Literatur findet sich eine klare Unterscheidung zwischen den beiden Aufgabenfeldern „managen" einerseits und „führen" andererseits. Während es im Management um eine leitende Funktion in der Organisationsstruktur mit entsprechenden Verantwortungs- und Kompetenzbereichen geht, bezeichnet Führung eine prozessorientierte Rolle, bei der es um die Gestaltung zwischenmenschlicher Interaktion geht. So weit, so gut. Wir wollen an dieser Stelle aber auch eine in deutscher Sprache eindeutige Begriffszuordnung und Definition versuchen: Das Management umfasst die Planung, die Organisation, die Leitung und Kontrolle von Aufgaben und Tätigkeiten. Unter Führen versteht man die direkte und indirekte Beeinflussung des Verhaltens anderer Menschen, um dadurch die Realisierung bestimmter Ziele zu erreichen. Diese Ziele leiten sich erfahrungsgemäß aus den Zielen der Organisation und den Erwartungen der Stakeholder ab. Führen beinhaltet aber auch, Orientierung zu geben und – ganz wesentlich – den Zusammenhalt im Team und damit die Zusammenarbeit sicherzustellen. Doch was bedeutet diese eher trockene theoretische Zuordnung von Aufgaben eigentlich in der Praxis? Und warum sind wir davon überzeugt, dass für das erfolgreiche Meistern der 6. Welle mehr Leadership als Management notwendig sind?

Die Gruppe um den bereits im vorangegangenen Kapitel erwähnten US-amerikanischen Psychologen Daniel Goleman, die sich mit der Erforschung der emotionalen Intelligenz in einem wirtschaftlichen Kontext beschäftigt, hat in einer Vielzahl international tätiger Unternehmen analysiert, welche besonderen Fähigkeiten eine gute Führungskraft ausmachen. Dabei war es nicht unerwartet, dass intellektuelle und kognitive Fähigkeiten wie der Überblick über das „große Ganze" und das Verfolgen einer langfristigen Vision wesentlich zum Erfolg beitragen. Bei der Gegenüberstellung, welchen Anteil auf der einen Seite der Intellekt und auf der anderen Seite die emotionalen Fähigkeiten eines erfolgreichen Managers an ihrer überdurchschnittlichen Leistung hatten, stellte sich jedoch heraus, dass, egal auf welcher Führungsebene die soziale Kompetenz immer doppelt so wichtig war. Je höher die Position der Führungskraft im Unternehmen, desto bedeutender wurde die Rolle emotionaler Faktoren: Der EQ macht den wesentlichen Unterschied zwischen „normalem" und „überdurchschnittlichem" Erfolg aus.

In vielen Unternehmen wurde in den vergangenen Jahren jedoch eine fest im Industriezeitalter verankerte und controllinggetriebene Managementkultur etabliert, die das Ziel verfolgt, die Funktionen und Kriterien der Steuerung und Entscheidung zu formalisieren und dadurch irgendwie messbar zu machen. Dazu werden gerne KPIs (Key Performance Indicators) – also wirtschaftliche Kennzahlen – eingesetzt, mit denen Führungserfolg objektivierbar gemacht werden soll. Der Einsatz derartiger Kennzahlensysteme ist meistens von einem ausgeklügelten und teilweise überbordenden Kontroll- und Berichtswesen begleitet. Damit wurde der Managementaspekt der Führung gegenüber dem Leadership-Aspekt zur dominanten Ausprägung in leitenden Funktionen. Eine derartige Überbetonung der Ziel- und Kontrollorientierung und eine einseitige Festlegung von Unternehmensstrategien auf Effizienz haben aber auch zur Folge, dass Entscheidungen nach vorgegebenen Richtlinien und automatisierten Mustern getroffen werden. Mit diesem Zugang wurde in den letzten Jahrzehnten die Anpassungsfähigkeit, Kreativität oder Innovation in Organisationen unterbunden. Viele Manager beklagen sich heute darüber, dass ihre Mitarbeiter weder Ideen einbringen noch selbst Entscheidungen treffen. Sie übersehen vielleicht dabei, dass auch Entscheidungsfindung ein offener Prozess ist, der von Führungskräften geleitet und moderiert werden muss.

Leadership-Qualitäten der Zukunft
Doch bereits mit den Anforderungen, die uns die aktuelle Digitalisierungswelle beschert hat, verändert sich vieles und völlig neue Arbeitsabläufe werden notwendig. Das bedeutet, dass sowohl Arbeitsinhalte als auch Mitarbeiterqualifikationen nicht nur neu überdacht, sondern vor allem rechtzeitig angepasst werden müssen. Das Erbringen einer Arbeitsleistung wird – vor allem in unserer Wissensgesellschaft – immer unabhängiger von Zeit und Ort. Dabei werden Kommunikation und Kooperation sowie das Teilen von Ressourcen zum neuen Standard. Traditionelle hierarchisch gegliederte Linienorganisationen sind für derartige Arbeitsbedingungen zu starr und unflexibel und werden von Netzwerkorganisationen abgelöst. In letzter Konsequenz werden sich Organisationen neu erfinden müssen, um in einem wirtschaftlichen Umfeld, dessen Andersartigkeit sich heute noch jeglicher Vorstellungskraft entzieht, auch tat-

sächlich zukunftsfähig zu sein. Komplexe Märkte bzw. flexible und anpassungsfähige Strukturen von hoch qualifizierten, teilweise nur noch virtuell vorhandenen Mitarbeitern brauchen aber auch eine ganz andere Art von Führungskräften. So ist beispielsweise das emotionale Begleiten von besorgten und gestressten Mitarbeitern in Krisenzeiten und das Aufrechterhalten der Kooperationsfähigkeit von Teams aus dem Homeoffice eine echte Herausforderung – wie sicherlich vielen Leadern während des Corona-Lockdown bewusst geworden ist. Traditionelle Vorstellungen von Führung werden da völlig auf den Kopf gestellt.

Unter sich ständig verändernden äußeren Rahmenbedingungen wird damit die Gestaltung und Steuerung von Prozessen zu einer der wesentlichsten Leadership-Kompetenzen. Denn die Zukunft der Führung liegt nicht mehr darin, möglichst schnell und kreativ auf Veränderungen zu reagieren, sondern die Veränderungsprozesse selbst proaktiv zu gestalten. Leader haben die Aufgabe, Strategien mitzuentwickeln und in den eigenen Fachbereichen und Abteilungen umzusetzen. Dazu benötigen sie ein hohes Maß an Empathie, um einen Mitarbeiter-Mix aus mehreren Generationen mit unterschiedlichsten Wertvorstellungen und Bedürfnissen unter einen Hut zu bringen. Sie ermöglichen eine offene Kommunikationskultur und ein Klima des Zusammenhalts und der Loyalität. Leader sind sich dessen bewusst, dass sie eine Vorbildwirkung haben und daran gemessen werden, ob sie das, was sie sagen, auch tatsächlich selbst tun.

Wenn wir also von Leadership oder von überdurchschnittlich erfolgreichem Führungsverhalten sprechen, dann bewegen wir uns also ganz offensichtlich auf der Ebene der emotionalen Intelligenz. Wie kann ich andere Menschen am besten motivieren und anleiten und als Führungskraft zu deren psychosozialer Gesundheit beitragen? Selbstverständlich existieren auch dazu bereits einige theoretische Führungskonzepte, deren wesentliche Gemeinsamkeit eine humanistische Grundhaltung ist. Als Beispiele seien hier nur das „Human Quality Management" nach Rudolf Karazman (Karazman 2015) aus dem deutschsprachigen Raum oder die „Wertezentrierte Führung" nach Richard Barrett (Barrett 2011) aus dem englischsprachigen genannt. Während sich ersteres eher auf den Beitrag der Führungskraft zu einem motivierenden und gesunderhaltenden Arbeitsumfeld fokussiert, beschäftigt sich zweiteres mehr mit den individuellen Schritten einer Führungskraft zur Entwicklung von einer Art höherem „Führungsbewusstsein" (Leadership Consciousness) – in jedem Fall inspirierende Lektüre.

Ohne hier jetzt in die Tiefe derartiger Modelle gehen zu wollen, seien ihre wesentlichsten Aussagen nachfolgend kurz auf den Punkt gebracht: Menschen werden in modernen effizienzgesteuerten Management- systemen gerne zur reinen Ressource gemacht und auf ihre Funktion be- schränkt.

Menschenzentrierte Führung versteht Mitarbeiter hingegen als die eigent- liche Quelle der unternehmerischen Wertschöpfung. Leader haben dabei eine wesentliche Rolle: Sie sind Dienstleister dieser Wertschöpfer. Damit sind wir beim bedeutendsten Unterschied zwischen derartigen modernen Leadership-Konzepten und klassischen Managementsystemen an- gekommen – dem **„Servicegedanken"**.

Es zählt zu den Leadership-Aufgaben, eine Plattform bereitzustellen, auf der jeder Mensch die Möglichkeit vorfindet, seine volle persönliche Produktivität zu entfalten. Unter persönlicher Produktivität versteht man eine menschliche Qualität, bei der eine Aufgabe als bedeutend, sinnvoll, interessant und wichtig wahrgenommen wird und mit der Verwirkli- chung innerer Potenziale einhergeht. Die Führungskraft wird damit zum „Ermöglicher" von Sinnfindung und persönlicher Entwicklung bei ihren Mitarbeitern. Sie steht außerdem ihren Peers und Mitarbeitern als wert- schätzender Coach oder Mentor zur Seite und fördert deren Weiterent- wicklung. Wenn sie außerdem darauf achtet, dass die Mitarbeiter sich entsprechend regenerieren können und sich nicht verausgaben, dann schaffen sie Rahmenbedingungen, unter denen Menschen auch psycho- sozial gesund sein können. Um dieses Konzept auch in der eigenen Hal- tung zu verankern, müssen Leader eigenverantwortlich an der Entwick- lung der eigenen Persönlichkeit und der eigenen sozialen und emotionalen Kompetenz arbeiten.

Wer sich von all diesen Anforderungen an die „perfekte" Führungs- kraft jetzt gerade überfordert fühlt, dem sei nur zum Trost gesagt, dass es auch seine Zeit benötigt hat, um die in der heutigen Wirtschaft so be- tonten Managementfähigkeiten zu entwickeln und zu perfektionieren. Führungsqualitäten sind auch keine fachlichen, sondern emotionale

Qualitäten, in die Menschen erst hineinwachsen müssen. Aber wir wissen aus verlässlichen Quellen, dass jeder Leadership entwickeln kann. Und Prozesse, auch persönliche Entwicklungsprozesse, werden nicht von heute auf morgen abgeschlossen. Sie funktionieren eher nach dem Motto: „Der Weg ist das Ziel!" Es wird aber für alle leichter sein, sich geeignete Fähigkeiten und Fertigkeiten anzueignen, wenn das betriebliche Umfeld ein derartiges Verhalten auch unterstützt.

5.2.2 Betriebssystem

> „Zukünftig sprechen wir nicht mehr über den War of Talents,
> sondern über den War of Operating Systems."
> Stephan Grabmeier, Deutscher Zukunfts- und Innovationsexperte
> auf dem Corporate Culture Jam 2017

Diese Erkenntnis führt uns direkt zur Bedeutung einer förderlichen Organisations- oder Unternehmenskultur, also zu Rahmenbedingungen, die gewisse Entwicklungen fördern oder auch behindern können. Besteht bis heute noch verbreitet die Meinung, die Entwicklung einer Abteilung oder eines Unternehmensbereichs lässt sich durch den Austausch oder die Ausbildung der zuständigen Führungskräfte erreichen, so kann die bestehende Unternehmenskultur einem derartigen Entwicklungswunsch einen Strich durch die Rechnung machen. Die „neuen" Führungskräfte treffen auf Widerstände, das System schlägt zurück oder anders gesagt: „Culture eats strategy for breakfast!".

Viele Autoren, wie auch Edgar Schein, einer der führenden amerikanischen Wissenschaftler und Autoren im Bereich „Corporate Culture", beschäftigen sich daher schon seit geraumer Zeit mit den Charakteristika verschiedener organisationaler Kulturen. Kulturelle Annahmen in Gruppen oder Organisationen haben ihre Wurzeln in gemeinsam erfahrenen und geteilten Handlungsmustern, also in einer erworbenen Lernerfahrung zu Erfolg und Misserfolg. Im Grunde heißt das, dass diese unternehmenskulturellen Annahmen sich wie alle anderen kulturellen Annahmen auch erst herausbilden – und zwar durch Anpassung an externe Einflüsse, Krisen oder Umwelten mithilfe von (ökonomischem) Überleben und Wachstum. Die Bildung einer Organisationskultur wird damit gewissermaßen zum „Coping-Mechanismus" auf äußeren Druck. Diese gemeinsam herausgebildeten Handlungsmuster bzw. diese akkumulierten Lernerfahrungen gelten dann als allgemeingültig und anerkannt und werden an neue Mitglieder einer Organisation als der korrekte Weg für den Umgang mit ebendiesen Herausforderungen weitervermittelt – sie werden damit zum Allgemeingut und sichern so den sozialen Zusammenhalt (Schein 2016).

In wesentlich einfacheren Worten kann man Unternehmenskultur als den „Charakter" einer Organisation beschreiben, also die einzigartige Art und Weise, wie eine Organisation „tickt". Wir fanden in diesen zahlreichen Abhandlungen über Unternehmenskulturen zwar wichtige und richtige theoretische Hinweise über ihr Zustandekommen und ihre Wirkung, aber keinerlei praktische Hilfestellung, wie man Unternehmenskulturen messen, darstellen und verändern kann. Sämtliche Beschreibungen haben gemein, dass der „kulturelle Teil" eines Unternehmens oder einer Organisation im Verborgenen, also im impliziten Bereich, zu finden ist. Aber um aktiv Rahmenbedingungen für psychosozial gesunde Entwicklungen zu schaffen, benötigen wir – ganz pragmatisch betrachtet – entsprechende Stellschrauben in einer Organisation. Und diese haben wir gefunden.

Das Betriebssystem von Unternehmen
Nach langjähriger, praktischer Arbeit mit Organisationen und intensiver Beschäftigung mit der Art und Weise, wie sie funktionieren, empfehlen wir, statt von Unternehmens-„Kulturen" besser von Unternehmens-„Betriebssystemen" zu sprechen. Dieser Begriff bildet unserer Meinung nach die Funktionsweise von Unternehmen und vielen anderen Organisationen besser ab. Jede Organisation ist per Definition ein Zusammenschluss von mehreren Personen, die gemeinsam einer Aufgabe oder einem Zweck nachgehen, der von Einzelpersonen allein nicht oder nicht ausreichend gut erfüllt werden kann. Dazu werden Aufbau- und Ablaufstrukturen entwickelt und bestimmte Regeln in Kraft gesetzt. Genauso wie Betriebssysteme von Computern, Smartphones und Tablets unterliegen auch Organisationen gewissen Architekturen, die ihr Verhalten bestimmen. Das Betriebssystem ist somit das betriebliche Vehikel, mit dessen Hilfe der

Zweck eines Unternehmens in das dazu notwendige oder gewünschte Verhalten übergeführt wird (siehe Abb. 5.1).

Wenn wir nun Unternehmen in Richtung eines psychosozial gesunden Verhaltens entwickeln wollen, so ist es abgesehen von der Weiterentwicklung von Führungskräften und Mitarbeitern auch notwendig, sich näher mit dem zugrunde liegenden Betriebssystem zu beschäftigen. Will ein Unternehmen gegenüber Kunden transparenter auftreten oder seine Wissensproduktivität erhöhen, wird es nicht zum Ziel führen, nur Mitarbeiter entsprechend auszubilden oder an jeder Stelle im Organigramm auch die passende Person zu platzieren. Beides sind durchaus hilfreiche

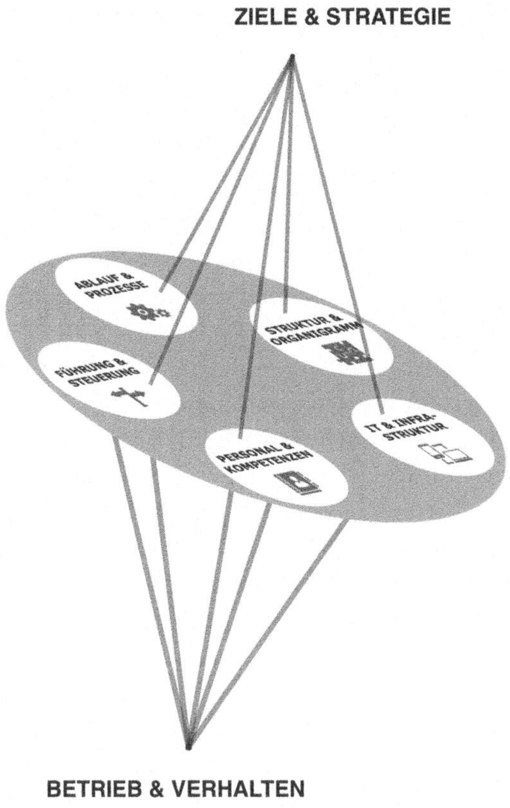

Abb. 5.1   Betriebssystem von Unternehmen. (© Business Design/BDI GmbH, 2020)

Maßnahmen, die sich aber erst im Kontext einer Gesamtorchestrierung entfalten können. Keine entwickelte Führungskraft wird in einem reinen Managementbetriebssystem wirksam, kein empathischer Kundenbetreuer in einer auf Schlagzahl optimierten Vertriebsorganisation erfolgreich sein. Es gilt immer, die gewünschten, individuellen Fähigkeiten aller Mitarbeiter in förderliche Rahmenbedingungen einzubetten.

Das Betriebssystemmodell
Wir haben drei zentrale Elemente herausgearbeitet, die das Betriebssystem und somit das Verhalten einer Organisation am stärksten beeinflussen:

1. **Aufbau- und Ablauforganisation**
   Nachdem Unternehmen, wie alle anderen Organisationen auch, künstliche Konstrukte sind, in denen mehrere Personen arbeitsteilig eine Aufgabe erfüllen, setzt sich das organisierte Verhalten des Unternehmens aus dem Verhalten mehrerer Einzelpersonen zusammen. Das heißt, das Verhalten jeder Einzelperson aus dieser Organisation unterstützt das Verhalten der Gesamtorganisation, das an unterschiedlichen Stellen – also beispielsweise gegenüber Kunden, Lieferanten oder Eigentümern – sichtbar und spürbar wird.
   Diese große Zahl an Einzelverhalten wird aber erst durch den Aufbau eines Unternehmens, meist in Form eines Organigramms, dargestellt und seine internen Abläufe, also sämtliche Prozesse und Transaktionen, strukturiert und in ihrer Gesamtheit wirksam. Aufbau- und Ablauforganisation bilden sämtliche Teilaufgaben ab, die von einer einzelnen Person oder einer „Position" erfüllt werden müssen. Jede dieser Einzelaufgaben wiederum erfordert individuelle Fähigkeiten und Kompetenzen der betroffenen Führungskräfte und Mitarbeiter. Aber nur richtig organisiert, führt die Summe dieser individuellen Kompetenzen auch zu einer kollektiven, „organisatorischen Kompetenz", die dann in ihrer Gesamtheit dazu dient, dem Organisationszweck entsprechende Aufgaben zu erfüllen.
   Auch wenn viele Organigramme und Abläufe von Unternehmen bereits gut dokumentiert sind, so möchten wir an dieser Stelle auf die Existenz sogenannter „Schattenorganisationen" hinweisen. Oft arbei-

ten Unternehmen in der Praxis nämlich überhaupt nicht so, wie es in ihren Organigrammen oder Prozessbeschreibungen dargestellt wird. Häufig hören wir sogar: „So wie beschrieben würde unser Unternehmen gar nicht funktionieren." Daher ist es bei der Arbeit mit dem Unternehmensbetriebssystem wichtig, sich auch die Schattenorganisationen genau anzusehen und ihre Wirkungsweisen zu verstehen.

2. **Infrastruktur**

Die Infrastruktur eines Unternehmens hat einen wesentlich stärkeren Einfluss auf das Verhalten von Organisationen als bisher allgemein angenommen. So nehmen uns Computer und Software heute nicht nur immer mehr Arbeitsschritte und Unternehmensprozesse ab, sondern ihr Einsatz führte auch im Vergleich zu den Zeiten von Papier und Bleistift zu einer massiven Verhaltensänderung. Wir kommunizieren vor Bildschirm und Tastatur mit Kollegen und Kunden anders als von Angesicht zu Angesicht, wir arbeiten und denken mit Maus und Tastatur linearer als mit analogen Schreibwerkzeugen. Die Informationstechnologie ist zu einem dominanten Teil betrieblicher Infrastruktur geworden.

Fast schon im Schatten der Informationstechnologie haben sich in den letzten Jahren progressive Architekten an die komplette Neugestaltung von Büros herangemacht. Ob Open Spaces oder flexible Arbeitsplätze, viele innovative Arbeitsplatzkonzepte haben im Sog von Google, Facebook und Co. in den vergangenen Jahren auch in Europa Einzug gehalten. Oft beobachten wir jedoch reinen Aktionismus, weil sich moderne Büros gerne herzeigen und in Geschäftsberichten gut verkaufen lassen. Die mit derartigen Maßnahmen vermutlich erwünschte oder erwartete Verhaltensänderung bleibt dann auch häufig auf der Strecke. Werden aber ausgehend vom Soll- oder Zielverhalten einer Organisation maßgeschneiderte Büroräumlichkeiten gestaltet, können diese gezielt zur Gestaltung des eigenen Betriebssystems beitragen.

Auf diese Art existieren noch unzählige weitere Infrastrukturelemente, die das erwünschte Verhalten einer Organisation fördern oder behindern können. Nehmen wir zum Beispiel den Unterschied zwischen urbanem und ländlichem Raum oder die

Verfügbarkeit von öffentlichem Verkehr, Geschäften und Restaurants. In Summe stellen all diese infrastrukturellen Bestandteile einen ganz wesentlichen Baustein eines Unternehmensbetriebssystems dar und verdienen sich daher vonseiten der Unternehmensführung eine bewusstere Berücksichtigung und Gestaltung, als dies bisher üblich war.

3. **Regeln und Prinzipien**

Weit abgeschlagen in der bewussten Wahrnehmung vieler Manager finden sich die Regeln und (Führungs-)Prinzipien von Organisationen. Wo sind diese dokumentiert und damit für alle einsehbar? Werden diese in Vorstandssitzungen oder Abteilungs-Jours-Fixes explizit diskutiert und nötigenfalls angepasst? Eher sehr selten! Gleichzeitig wirken sich Regeln aber ebenso stark, wenn nicht sogar stärker als beispielsweise Organigramme, Prozesse und Büros, auf das Verhalten von Unternehmen aus. Wir sprechen an dieser Stelle nicht nur von Betriebsratsvereinbarungen, Arbeitszeitregelungen, Geheimhaltungsvereinbarungen und ähnlichem, sondern vielmehr von jenen Regeln, die das tägliche Verhalten steuern. Sie geben innerhalb einer Organisation vor, was zu tun ist und was besser unterlassen werden sollte, ob beispielsweise über gewisse Ereignisse gesprochen wird, oder eben nicht, und gewisse Fragen gestellt werden, oder eben nicht, bzw. auf Basis welcher Erwartungen, Annahmen und Wertehaltungen Mitarbeiter und Kollegen entweder belobigt oder abgestraft werden. Es geht also um all jene „ungeschriebenen Gesetze", die nirgendwo dokumentiert sind und die neue Mitarbeiter nur durch „trial & error" oder von hilfreichen Einflüsterern kennenlernen können.

Hier liegen ganz wesentliche Schätze für die Entwicklung von Betriebssystemen vergraben, die großen Erfolgsfaktoren in der Organisationsentwicklung und für das Changemanagement. Um einen derartigen Schatz zu heben, beginnt man am besten damit, ungeschriebene Regeln und Prinzipien aufzuspüren und zu dokumentieren. Üblicherweise kommen dabei mehrere A4-Seiten zusammen. Viele Regeln lieben es aber, unentdeckt zu bleiben, sodass es oft Geduld, gute Methodiken und geübte Spürnasen benötigt, um sie zu erkennen und an die Oberfläche zu holen. Sind sie einmal dokumentiert, können Regeln und Prinzipien dem erwünschten Verhalten einer Organisation gegenübergestellt, neu bewertet und verhandelt werden.

Entwicklung von Betriebssystemen

Wenn wir also verstehen, dass sich Unternehmen und andere Organisationen nicht beliebig verhalten – weder nach innen noch nach außen – und jetzt auch ihr Betriebssystem analysieren und entschlüsseln können, haben wir damit ein konkretes und praktisch anwendbares Werkzeug in der Hand. Die 6. Welle wird Unternehmen ein Verhalten abverlangen, das den einfachen, unkomplizierten und angstfreien Austausch von Wissen und Informationen erfordert, und zwar sowohl nach außen hin zu Kunden und Lieferanten in einem zunehmend fragmentierten Marktumfeld, als auch nach innen hin zwischen den einzelnen Abteilungen, den Niederlassungen und zwischen Mitarbeitern und Führungskräften. Nur ein möglichst ungehinderter Informationsaustausch und ein produktiver Umgang mit Wissen wird Unternehmen im nächsten Kondratjew-Zyklus erfolgreich machen.

Organisationen können also damit beginnen, die drei beschriebenen Kernelemente des unternehmerischen Betriebssystems auf ein solches Verhalten abzustimmen. Dabei ist allerdings zu beachten, dass jedes dieser drei Elemente nicht für sich allein genommen auf das Verhalten einer Organisation wirkt, sondern dass sich diese gegenseitig beeinflussen und bedingen. Ein neues, offenes Bürokonzept allein wird nicht wirksam werden, wenn die entsprechenden Arbeitsregeln und Führungsprinzipien nicht gleichermaßen angepasst werden – und umgekehrt. Hier ist vielmehr ein systemisches Vorgehen notwendig, bei dem alle Elemente so aufeinander abgestimmt sind, dass sie sich auch gegenseitig unterstützen und Reibungsverluste untereinander vermieden werden. Zugegeben, dieser Zugang ist mit Sicherheit für viele Führungskräfte zu Beginn eher ungewöhnlich und gewöhnungsbedürftig. Um überhaupt zum Erfolg führen zu können, sollte er auch vorab trainiert und zu Beginn bestenfalls von erfahrenen Moderatoren unterstützt werden. Oft berichten unsere Kunden jedoch nach solch anstrengenden Workshops davon, „wirklich weitergekommen zu sein".

5.2.3   Stakeholder

„Niemand ist eine Insel"
Johannes Mario Simmel, Österreichischer Bestsellerautor (1924–2009)

Nachdem wir uns intensiver mit den beiden Konzepten zu Leadership und Betriebssystemen in Unternehmen auseinandergesetzt haben, richten wir unseren Blick im nächsten Schritt über die Grenzen unseres sozialen Systems hinaus und stellen dabei fest, dass dieses ja auch externe Abhängigkeiten besitzt und daher nicht für sich alleine und unbeeinflusst agieren und gestalten kann. Denn jede Organisation hat einen sozioökonomischen Kontext und tritt mit anderen Systemen in eine Wechselbeziehung. In der systemischen Organisationsberatung bezeichnen wir diese anderen Systeme gerne als „relevante Umwelten", in der internationalen Managementliteratur hat sich das Konzept der Stakeholder etabliert. Im Gegensatz zu den wirtschaftlichen Anteilseignern (Shareholder) einer Organisation handelt es sich bei den Stakeholdern um Interessens- bzw. Anspruchseigner. Darunter ist jeder zu verstehen, der entweder direkt oder indirekt von den Handlungen eines Unternehmens betroffen ist oder, um es mit den Worten des US-amerikanischen Mitbegründers der Stakeholder Theorie, Robert Edward Freeman, auszudrücken: „A stakeholder in an organization is (by definition) any group or individual who can affect or is affected by the achievement of the organization's objectives." (Freeman 1984)

Die wichtigsten Interessenseigner einer Organisation
Die Stakeholdertheorie (Freeman et al. 2010) ist einerseits ein strategisches Managementkonzept, mit dessen Hilfe die unterschiedlichen Bedürfnisse und Ansprüche verschiedener Interessenseigner ausbalanciert werden können, es hat aber auch eine wirtschaftsethische Perspektive, die sich mit den dahinterliegenden Werten und Wertekonflikten in einer Organisation auseinandersetzt. Stakeholder lassen sich systematisiert in bestimmte Kategorien einteilen, wobei die wichtigste Unterscheidung zwischen internen und externen Stakeholdern getroffen werden kann.

Innerhalb der Organisation selbst findet man drei verschiedene Anspruchsgruppen: die Mitarbeiter, die Führungskräfte und die Eigentümer. Bei den externen Stakeholdern unterscheidet man zwischen marktlichen Anspruchseignern, wie den Kunden, den Lieferanten, dem Mitbewerb oder den Kapitalgebern, und nicht marktlichen, zu denen beispielsweise der Staat oder die Medien gerechnet werden (Czymmek 2003). Führt man sich all diese verschiedenen Gruppen einmal bildlich vor Augen und zieht auch noch in Betracht, dass deren Interessen gerne einmal in völlig gegensätzliche Richtungen gehen können, dann wird schnell klar, dass einem diese Vielzahl an unterschiedlichen Ansprüchen durchaus das Leben schwer machen kann. Es stellt sich also die Frage, weshalb wir uns dann überhaupt mit diesen vielen zusätzlichen Bedürfnissen und Werthaltungen auseinandersetzen sollen. Aus der systemischen Sicht ist das schon allein deswegen anzuraten, weil all diese Interessen auf ein Unternehmen oder ein Projekt einwirken – unabhängig davon, ob sie beachtet werden oder nicht. Keine Organisation kann sich dem entziehen, sie kann nur blind überrascht werden. Der zusätzliche Aufwand, sich mit Stakeholdern und deren Werthaltungen und Ansprüchen zu beschäftigen, lohnt sich schon allein dafür, um eine höhere Planungssicherheit zu erhalten oder um aufgrund negativer Einflüsse nicht gleich komplett zu scheitern. Weshalb macht aber das aktive „Managen" von Stakeholdern aus Sicht des nächsten Kondratjew-Zyklus Sinn, wenn doch bereits innerhalb einer Organisation die Interessen manchmal so heftig aufeinanderprallen, dass ein zusätzlicher Blick über die Grenzen hinaus noch viel mühsamer erscheint?

Der Einsatz der Stakeholderanalyse

Das lässt sich im Wesentlichen damit begründen, dass sich das Verhalten bestimmter Stakeholder im Umfeld von Unternehmen in den letzten Jahrzehnten dramatisch verändert hat. Wurden Kunden und Lieferanten bisher eher als „Erfüllungsgehilfen" unternehmerischer Aufgaben gesehen, so sind sie über diese Rolle bereits längst hinausgewachsen. Kunden verstehen sich schon längst nicht mehr als reine Konsumenten von Waren und Dienstleistungen. Sie haben Vorstellungen, Bedürfnisse und Interessen entwickelt, die sie von Lieferantenseite erfüllt sehen möchten, bevor sie eine Kaufentscheidung treffen. Und diese Erwartungen beschränken sich nicht mehr ausschließlich auf die Produktgestaltung. Aus dem traditionellen Verkäufermarkt ist mittlerweile endgültig ein Käufermarkt geworden, in dem der Kunde selbst bestimmt, was für ihn gut ist und für ihn passt.

Gleiches gilt im Gegenzug aber auch für Lieferanten, die nicht mehr froh und devot sein wollen, nur weil sie jemanden beliefern dürfen. Viele Lieferanten üben zwischenzeitlich auch einen unternehmenskritischen

Einfluss aus, nämlich dann, wenn ihr Ausfall das eigene Geschäftsmodell massiv beeinträchtigen würde. Selbst wenn die Verfügbarkeit alternativer Lieferanten vermeintlich Sicherheit gibt, in der Praxis wäre so ein Wechsel in vielen Fällen mit hoher Irritation und noch höherem Aufwand verbunden. Moderne Unternehmen haben nicht mehr alle notwendigen Kernkompetenzen ihres Geschäfts unter ihrer Verfügungsgewalt, auch wenn das viele Manager noch gerne so sehen wollen. Deshalb ist es notwendig geworden, sich intensiver mit den Bedürfnissen und Motiven von Kunden und Lieferanten auseinanderzusetzen und dadurch besser verstehen zu lernen, was sie antreibt und weshalb sie eine Geschäftsbeziehung eingehen wollen. Die Stakeholderanalyse ist dafür die geeignete Methode, da sie dabei hilft, einen Perspektivenwechsel vorzunehmen und das eigene Unternehmen aus deren Blickwinkel zu betrachten. Sie unterstützt methodisch, Empathie mit Kunden und Lieferanten zu entwickeln, ihnen auf Augenhöhe zu begegnen und so mit diesen Stakeholdern eine psychosozial gesunde Kooperationsebene aufzubauen, die frei ist von gegenseitigem Misstrauen, Übervorteilen oder „Über-den-Tisch-Ziehen". In einem weiter fortgeschrittenen Stadium wird es sogar möglich, aus dem Wissen von Kunden und Lieferanten zu lernen.

So logisch sich das jetzt alles für die Betrachtung von Kunden und Lieferanten anhört, so gilt dieser Grundsatz auch für die Einbeziehung anderer externer Stakeholder eines Unternehmens, wie den Mitbewerbern, den Geldgebern, den Medien und vielen mehr, die bislang eher als vermeintliche Bedrohung wahrgenommen wurden. Wechseln wir mithilfe der Stakeholderanalyse unsere Perspektive auf deren Seite, verlieren sie ihre bedrohliche Stellung sogar ein wenig. Wir lernen sie besser kennen, können ihr Verhalten besser interpretieren und uns an ihren Motiven orientieren. Oft entstehen aus dieser Betrachtung sogar Kooperationsmöglichkeiten.

Stakeholdermanagement in Changeprozessen
Stakeholderanalysen eignen sich jedoch nicht nur als förderliche Betrachtungsmethode für den Umgang mit relevanten Organisationsumwelten, sie haben auch ihren Platz im Management verschiedenster Prozesse, bei denen das Einnehmen diverser Perspektiven unbedingt hilfreich ist: in jeder Art von Projekten, im Produktdesign, in der Innovationsent-

wicklung und vor allem bei Transformationen. Hat sich ein Unternehmen einmal dazu entschlossen, sein Betriebssystem wie vorher bereits beschrieben an ein erwünschtes Verhalten heranzuführen, dann wird dieses Vorhaben mit sicht- und spürbaren Veränderungen im Unternehmen oder seinen Teilorganisationen einhergehen. In diesem Fall können auch innerhalb von Organisationen verschiedenste Meinungen und Welten ziemlich heftig aufeinanderprallen. In einem solchen Changeprozess macht es nicht nur Sinn, sondern es ist unserer Auffassung nach sogar zwingend notwendig, sich vorab eingehend mit allen von der geplanten Veränderung potenziell betroffenen Stakeholdern zu beschäftigen. Die meisten derartigen Transformationsvorhaben scheitern nämlich nicht an der guten Absicht, sondern daran, dass die „Rechnung ohne den Wirt" gemacht wird. Hier gilt es, schon vorab eine Reihe von kritischen Fragen zu stellen: Wer ist von dem Vorhaben direkt oder indirekt betroffen? Wer davon ist überhaupt relevant und hat tatsächlich wesentlichen Einfluss auf dessen Umsetzung? Wie stehen relevante Stakeholder dem Vorhaben gegenüber? Wer sind die Befürworter, die Gegner und wer bleibt neutral? Wo prallen verschiedene Kulturen und Wertehaltungen aufeinander?

Natürlich ist eine derartige Analyse oder das Anfertigen einer Landkarte mit zeitlichem Aufwand und Arbeit verbunden. Sie hilft jedoch, das relevante Projektumfeld so gut kennenzulernen, dass böse Überraschungen zu einem späteren Zeitpunkt vermieden oder bereits im Vorfeld entsprechende Handlungsoptionen entwickelt werden können. So lassen sich sämtliche relevanten Stakeholder auch in Changeprozesse mit einbeziehen. Das einfachste und wichtigste Tool ist dabei sicherlich eine offene Kommunikation und ein guter Informationsfluss. Nichts vermeidet Unsicherheiten und Ängste effektiver, als einfach über das Ziel und die wichtigsten Prozessschritte Bescheid zu wissen. Stakeholder, die einen wesentlichen Einfluss auf ein Vorhaben ausüben können, müssen sogar intensiver in das Geschehen eingebunden werden. So kann es manchmal wichtig sein, sich bei strategischen Fragen ein Feedback einzuholen, bestimmte Gruppen zur Zusammenarbeit einzuladen oder überhaupt eine strategische Partnerschaft einzugehen, um einen gemeinsamen Weg zu entwickeln. Auf diese Weise werden mithilfe des Stakeholdermanagements Betroffene zu Beteiligten.

5.2.4 Sozialkapital

„Nicht Eigennutz oder Kontrollbedarf und auch nicht erlernte Regeln,
sondern das Streben nach Sinn, Anerkennung und Zuwendung und
nach dem damit verbundenen Gefühl, gebraucht zu werden, bilden
(…) die primäre Triebkraft menschlichen Handelns."
Bernhard Badura, Deutscher Soziologe (*1943), in „Sozialkapital"

Ausgehend von den drei bisher eher praktisch angelegten Perspektiven
begeben wir uns zu guter Letzt auf eine Metaebene der Betrachtung und
wollen aus diesem übergeordneten Blickwinkel die immense Bedeutung
des Sozialkapitals in Organisationen erläutern. Der Begriff des Sozialkapitals kann auf die Schnelle durchaus missinterpretiert werden. Die
OECD definiert Sozialkapital als „networks together with shared norms,
values and understandings that facilitate co-operation within or among
groups" (OECD 2001, S. 41). Eine sehr frühe wissenschaftliche Definition scheint jene des französischen Soziologen Pierre Bourdieu zu sein,
der 1983 das soziale Kapital als die „Gesamtheit aller Ressourcen zwischenmenschlicher Beziehungen" definiert hat (Bourdieu 1983). Damit
grenzt er das Sozialkapital deutlich zum Humankapital ab, das als die
„Gesamtheit aller Ressourcen individueller Personen" verstanden wird.
Der Übergang vom Humankapital als Summe der Fähigkeiten von Einzelpersonen zum Sozialkapital als Summe der Beziehungen zu anderen
stellt also einen eindeutigen Schritt vom Ich zum Wir, vom Individuum
zum Kollektiv dar. Die Idee, nun nicht mehr ausschließlich in die individuellen Fähigkeiten, sondern auch gezielt in Beziehungen zu anderen zu
investieren, erscheint vielen Managern im Sinne der Pflege von Seilschaf-
ten und Netzwerken sicherlich nicht ganz so neu und revolutionär. Der
Ansatz aus dem Buddhismus hingegen, nach dem sich unsere eigene
Identität letztlich nur durch die Summe aller unserer Beziehungen definiert, stellt dann doch noch einen großen Gedankensprung dar, mit dem
wir uns aber bereits auf der Reise zu einem psychosozial gesunden System
befinden.

Spricht man von Sozialkapital in einem wirtschaftlichen Zusammenhang, dann wird darunter der durch die gesammelte soziale Kompetenz
der Mitarbeiter entstehende immaterielle Vermögenswert einer Organi-

sation verstanden. Es geht also um die Summe der sogenannten „Soft Factors" wie Vertrauen, Gemeinschafts- und Zugehörigkeitsgefühle, um gelingende Kommunikation und Information und nicht zuletzt auch um Partizipation. Wie stark diese Faktoren in einer Organisation ausgeprägt sind, wird dadurch bestimmt, welchen Umfang und welche Qualität die internen Netzwerke besitzen, welche Regeln, Werte und Überzeugungen miteinander geteilt werden, aber auch dadurch, wie es um die Qualität der Führung und die Übernahme sozialer Verantwortung durch das Unternehmen bestellt ist. (Badura et al. 2013)

Im Detail gibt es mittlerweile eine ganze Reihe von Begriffsdefinitionen, die nicht nur das Ziel verfolgen, das Sozialkapital gegenüber anderen unternehmerischen Vermögenswerten genauer abzugrenzen, sondern vor allem dessen Höhe beziffern zu können. Denn genauso wie jede andere Kapitalform kann auch Sozialkapital angesammelt und vermehrt werden. Allgemein steht die Forderung im Raum, dem Sozialkapital in einer standardisierten Form Sichtbarkeit, Bedeutung und einen Platz in betrieblichen Bilanzen zur geben. Einen Fixplatz als Wirkungsgröße hat das Sozialkapital bereits heute in den Hintergrundtheorien zur betrieblichen Gesundheitsförderung. Denn in diesem Zusammenhang ist bekannt, dass gesundheitspolitische Maßnahmen, die in das Sozialkapital investieren, den größten Einfluss auf das Wohlbefinden, die Kreativität, die Bindung an das Unternehmen und die Innovationskraft der Mitarbeiter haben. Dabei können durch Verbesserung des Betriebsklimas und die Implementierung von Wertschätzung und Vertrauen in die Unternehmenskultur die größten und auch langfristig wirksamsten Effekte erzielt werden (Badura et al. 2010).

Wofür brauchen wir mehr Sozialkapital?
Die klassischen Sozialwissenschaften, aus deren Umfeld die Interpretation des Begriffs Sozialkapital stammt, sehen darin also hauptsächlich eine intrinsische Eigenschaft sozialer Systeme. Praktisch fallen darunter so abstrakte Dinge wie das „Betriebsklima", aber auch die Fähigkeit der Menschen innerhalb einer Organisation, untereinander konstruktiv sozial zu interagieren und dabei ein funktionstüchtiges Kommunikations- und Kooperationsnetzwerk zu bilden. Wir erkennen in dieser Deutung der Sozialwissenschaft bereits eine starke Analogie zu den grundlegenden

Eigenschaften psychosozial gesunder Organisationen im 6. Kondratjew-Zyklus.

Wenn wir also über die Theorie der 6. Welle einen direkten Zusammenhang zwischen der Höhe des Sozialkapitals eines Unternehmens und seinem wirtschaftlichen Potenzial herstellen, so wird dieses zu einem wichtigen Gradmesser für Wellenreiter des nächsten Wirtschaftszyklus. Wir können postulieren, dass, je größer das Sozialkapital eines Unternehmens ist, desto stärker dessen Wettbewerbsfähigkeit in den kommenden Jahren sein wird – schon allein deshalb, weil ein hohes Sozialkapital die von Nefiodow definierte soziale Unordnung in Organisationen beseitig und damit viele der heutigen unternehmerischen Kosten, Aufwände und Workarounds, die durch Egoismen, Bevorteilung, Betrug, Sabotage, Ängste und innere Kündigung entstehen, reduziert.

Die Investitionen in soziales Kapital machen also bereits aus Gründen einer nachhaltigen Kosteneinsparung Sinn. Aber gehen wir doch noch einen Schritt weiter und ergänzen diesen Blickwinkel um eine Erfahrung aus unserer systemischen Berufspraxis. Wenn wir das Sozialkapital eines Unternehmens über die Qualität der zwischenmenschlichen Beziehungen der darin arbeitenden Menschen definieren, so müssen wir auch sehen, dass die Unternehmen selbst als eigenständige Systeme mit anderen Personen, Unternehmen und Organisationen in einer Wechselbeziehung stehen. Pflegen also Unternehmen mit ihren Kunden, Lieferanten, Partnern und anderen externen Stakeholdern eine psychosozial gesunde Beziehung, stärkt das in direkter Weise ihre Wettbewerbsfähigkeit. Geschäfte lassen sich auf einer soliden Sozialkapitalbasis einfacher, verlässlicher, stabiler, rascher und kostengünstiger anbahnen und umsetzen. In diesem Sinne sind zukunftsorientierte Organisationen gut beraten, nicht nur ihr internes, sondern auch das externe Sozialkapital, also die Beziehungsgeflechte zwischen ihnen und ihren Stakeholdern, im Fokus zu behalten und kontinuierlich weiterzuentwickeln.

Wie wirkt Sozialkapital und wie entwickelt man es?
Wir wollen hier eine einfache und hoffentlich auch praktisch anwendbare Definition von Sozialkapital als die „Anzahl und Dauer von wirkungsvollen sozialen Interaktionen pro Zeiteinheit" anbieten. Dabei ist uns besonders das Wort „Wirkung" wichtig, das die Bedeutung des

viel aussagekräftigeren englischen Begriffs „Impact" zwar leider nur unvollständig wiedergibt, aber zumindest die beste Annäherung in deutscher Sprache darstellt. Denn Wechselbeziehungen müssen einen Impact haben, damit sie auf positive Weise zum Sozialkapital beitragen. Je öfter und länger eine Person wirkungsvoll mit anderen interagiert, desto besser vermehrt sie ihr eigenes „Sozialkapital". Je wirkungsvoller Organisationen sozial nach außen agieren, desto größer wird auch ihr „Sozialkapital" werden.

In Zeiten der Allgegenwärtigkeit sozialer Medien sollte wirkungsvolle soziale Interaktion jedoch nicht mit der Anzahl an Followern und Freunden verwechselt werden, die in der Regel nur einen einseitigen Kommunikationskanal darstellen. Erst durch den wechselseitigen Austausch, sei es über einen Kommentar, durch Liken oder das Teilen von Inhalten, werden auch digitale Kontakte zu sozialem Kapital. Dasselbe Prinzip gilt gleichermaßen beispielsweise für Mitarbeitergespräche, die in einem Monolog des Vorgesetzten oder auch des Mitarbeiters enden oder für Marketingkampagnen, die ihre potenzielle Zielgruppe laufend mit Produktneuerungen und Markenbotschaften bombardieren. Erst das gegenseitige Fragen und Antworten oder der Austausch von Erfahrungen, Beobachtungen und Erkenntnissen nährt das Sozialkapital. Denn während derartiger Interaktionen passiert nämlich etwas Magisches: Wir lernen uns gegenseitig besser kennen und wir erzielen, je länger wir miteinander in einer Wechselbeziehung stehen, auch ein größeres gemeinsames Verständnis über uns und unser Thema. Das führt zum Aufbau von gegenseitigem Vertrauen, das die Grundvoraussetzung für alle erfolgreichen geschäftlichen Beziehungen innerhalb eines sozialen Systems oder zwischen sozialen Systemen darstellt. Je länger und öfter wir mit anderen wirkungsvoll interagieren, desto stärker und tragfähiger wird das Bindemittel Sozialkapital – oder wie es die Sozialpsychologie ausdrückt, desto größer wird das gemeinsame Johari-Fenster (Luft und Ingham 1955): Je mehr wir von uns selbst preisgeben, desto größer wird der gemeinsame Handlungsspielraum.

Der praktische Einsatz von Sozialkapital
Wir beobachten in der heutigen, globalisierten Wirtschaftswelt eine stetige Zunahme der Anzahl an Kommunikationskanälen und Schnittstellen. In der Außenkommunikation sprechen wir inzwischen von einer

Multichannel- oder Omnichannel-Kommunikation. Die Herstellung komplexer Produkte oder Dienstleitungen benötigt verschiedene Fachkompetenzen und Wertschöpfungsketten, die miteinander zusammenarbeiten müssen, innerhalb eines Unternehmens und über dessen Grenzen hinaus. Gleichzeitig hat sich weltweit auch eine Spezialisierung auf gewisse Tätigkeiten und Fertigkeiten entwickelt. In Indien schreibt man gute Software, in China wird günstig hochwertige Elektronik gefertigt und die USA beherrschen die Vermarktung – um hier nur einige Alltagsbeispiele anzuführen.

Dieser zunehmend fragmentierte „Herstellungsprozess" einer Wertschöpfung führt zu einer rapiden Zunahme an Kommunikationsschnittstellen mit sehr unterschiedlichen heterogenen Geschäftspartnern. Um die Komplexität solcher Kooperationsmodelle zu beherrschen, wird eine umfangreiche soziale und kommunikative Interaktion – also sehr viel Sozialkapital – benötigt. Je höher das ausgebildete Sozialkapital in solchen Projekten oder Unternehmungen ist, desto reibungsloser funktionieren die Regelabläufe, desto schneller werden etwaige Probleme lokalisiert und gelöst, desto rascher entstehen neue Ideen und last but not least desto weniger Kontroll- und Absicherungsaufwand wird dafür benötigt. Das wäre ohne Sozialkapital eine unvorstellbare, wenn nicht sogar unlösbare Aufgabe. Je mehr Sozialkapital wir also in unseren Projekten und Unternehmungen entwickeln und aufbauen, desto komplexere Arbeitsstrukturen können wir beherrschen und das gilt innerhalb von Unternehmen ebenso, wie in global agierenden Märkten.

Erste diesbezügliche Ansätze wie die Durchführung von Team-Building-Workshops und Kommunikationsseminaren sind bereits bekannt. Leider finden diese oft völlig zusammenhanglos statt oder greifen als Einzelmaßnahmen nicht weit genug. Wie wir aus dem Betriebssystemmodell gelernt haben, sind eine Reihe von aufeinander abgestimmten Maßnahmen notwendig, um ein vertrauensvolles, angstfreies Verhalten miteinander sicherzustellen. Ein Team-Building-Workshop innerhalb eines streng hierarchisch strukturierten Unternehmens, in dem alle Entscheidungen vom Management top-down getroffen werden, kann maximal zu einer Revolte führen. Ein Kommunikationsseminar für Mitarbeiter in Unternehmen, die keine kritischen Rückmeldungen schätzen, ist genauso wertlos. Überzeichnet? Ja sicher! Aber unserer Erfahrung nach entwickeln sich in den heutigen Ausbildungen im besten Fall die einzelnen Mitarbeiter weiter, das Unternehmen als Ganzes eher nicht. Und die Talente von heute wollen nicht mehr endlos gegen die Wände des eigenen Unternehmens laufen, sondern sie suchen sich ganz schnell eine anderes, das besser zu ihnen passt.

5.3   Die Quintessenz

„Auch der längste Marsch beginnt mit dem ersten Schritt."
Laotse, Chinesischer Philosoph, Lehrer des Taoismus (6. Jh. vor Chr.)

Leadership, Stakeholdermanagement, soziales Kapital und Unternehmenskultur sind vermutlich alles Konzepte, die versierten Managern schon irgendwo einmal untergekommen sind. Werden sie aber wie bisher ausschließlich aus der Sicht des Industriezeitalters beurteilt, dann landen sie schnell in der Schublade für „Sozialromantik", zu unklar war ihr tatsächlicher Nutzen für die Wirtschaftlichkeit und Wettbewerbsfähigkeit von Unternehmen. Mit dem nun endgültig stattfindenden Übergang vom Industriezeitalter in das Wissenszeitalter, wird die heutige Optimierungsfähigkeit von Organisationen aber nicht mehr ausreichen, um profitabel zu bleiben. Daher können wir diese Konzepte mit gutem Gewissen wieder aus ihrer sozialromantischen Schublade herausholen, um sie neu zu bewerten. Aus dem Blickwinkel der 6. Welle betrachtet, schaffen sie nämlich Wettbewerbsvorteile bei der Kunden- und Mitarbeiterbindung, der Kooperationsfähigkeit sowie der Reduktion von Transaktionskosten.

Die für den nächsten, **lang anhaltenden Wirtschaftsaufschwung** notwendige Verdichtung von Raum und Zeit wird nicht mehr wie bisher über eine technologische Basisinnovation wie die Eisenbahn oder das Internet erfolgen, sondern über Menschen, die sich aufgrund ihrer psychosozialen Gesundheit rasch, offen und ohne Reibungsverluste miteinander austauschen können.

Was sich hier so einfach beschreiben lässt, bedeutet für die Führung heutiger Unternehmen in der Praxis allerdings ein umfangreiches Transformationsprogramm. Der Weg von einer regel- und effizienzgetriebenen zu einer vertrauensvollen und sinnerfüllten Organisation ist lang und steinig. Erinnern wir uns noch einmal an die Geschichte von Petra zu Beginn des Buchs und wie lange es tatsächlich gebraucht hat, die heute bereits fast selbstverständlichen Mitarbeiter-Jours-Fixes durchzusetzen. Oder an Markus, der in unserer Geschichte dank seiner Führungskompetenz zum Technikvorstand bestellt wurde und nicht, wie heute noch so oft zu beobachten, ausschließlich aufgrund seiner fachlichen Qualifikation. Für eine derartige Entwicklung braucht es vor allem den Glauben an die mit der 6. Welle eintretende psychosoziale Gesundung unserer Gesellschaft und einen radikalen Fokus auf die dazu notwendige Ressource in den Organisationen: die Menschen. Dazu ist es aber einerseits notwendig, die Ausbildung und Bewertung von Führungskräften und Mitarbeitern so zu verändern, dass die Stärkung ihrer sozialen und emotionalen Kompetenzen in den Vordergrund rückt. Andererseits müssen durch umfangreiche Organisationsentwicklungen gleichzeitig Rahmenbedingungen geschaffen werden, unter denen sich Menschen mit einer derartig hohen sozialen und emotionalen Kompetenz dann auch gerne wiederfinden und einbringen.

Wir haben dieses Buch geschrieben, um Führungskräften, Entscheidungsträgern und Meinungsbildnern, die so wie wir die ersten Anzeichen des Systemwandels bereits wahrnehmen, eine schlüssige Argumentationskette für die Grundlagen der kommenden 6. langen Wirtschaftswelle anzubieten. Den beschriebenen Wechsel in der Art zu führen benötigt nämlich eine starke Überzeugung aller handelnden Personen. Diese Überzeugungsarbeit wollten wir hier leisten und damit auch umsetzungswilligen Lesern helfen, nach dem Schneeballprinzip wiederum andere Personen aus ihrem Umfeld von den notwendigen Maßnahmen zu überzeugen. Daher haben wir in diesem Buch auch ganz konkrete Konzepte und praktische Tipps für die Unternehmensführung angeboten, um sich nicht weiterhin mit verzwickten Problemen herumschlagen und in einer Endlosschleife tote Pferde reiten zu müssen. Und wir werden unser Angebot an praktischen Beispielen und hilfreichen Methoden noch weiter ausbauen.[1]

Wenn Sie sich aber jetzt fragen, wie Sie als Führungskraft ganz persönlich die 6. Welle erfolgreich reiten können, bieten wir Ihnen dazu gerne folgenden Dreischritt an:

1. **Beginnen Sie damit, an sich selbst zu arbeiten**
   Empathie und emotionale Intelligenz sind lern- und trainierbare Fähigkeiten, die den Grundstein für ein psychosozial gesundes Leben legen. Sie werden dabei nicht nur unzählige neue Erkenntnisse über sich selbst sammeln, sondern Sie werden auch lernen, die Motive, Handlungen und Gefühle der Menschen in Ihrem Umfeld viel besser einzuschätzen.

2. **Versuchen Sie, Mitarbeiter und Kollegen noch besser zu verstehen**
   Menschen sind vielschichte Lebewesen, die in der Regel nicht gleich alle ihrer Facetten offen zeigen. Wenn Sie ihnen aber etwas mehr Zeit, ein offenes Ohr und eine interessierte und wertschätzende Grundhaltung entgegenbringen, werden Sie nicht enttäuscht werden. Sie werden dann auch viel besser verstehen, welche Weiterentwicklung und Rahmenbedingungen Ihre Mitarbeiter benötigen, um ihr volles Potenzial in der Zusammenarbeit mit Kollegen, Kunden und anderen Stakeholdern einbringen zu können.

3. **Erkunden Sie den Nutzen ihrer Arbeit und kommunizieren Sie diesen**
   Fragen Sie sich solange, weshalb Sie und Ihre Mitarbeiter täglich an einer gemeinsamen Sache arbeiten, bis Sie es herausgefunden haben. Welche Wertschöpfung, welchen Mehrwert erbringen Sie und Ihr Team für Ihren Fachbereich, Ihr Unternehmen, Ihre Kunden und andere Stakeholder? Wofür gibt es Sie? Was ist Ihre „reason why"? Und dann erzählen Sie in Ihren eigenen Worten ausführlich und jedem davon – allen voran Ihren Mitarbeitern und all jenen, die Sie bei der Erfüllung dieser Aufgabe unterstützen sollen.

---

[1] Unsere aktuellen Ideen und Einsichten veröffentlichen wir online auf www.wellenreiten.blog.

Starten Sie einfach, aber starten Sie bald

Wir empfehlen denjenigen unter unseren Lesern, die wir hier vom praktischen Nutzen psychosozial gesunder und damit langfristig resilienterer Organisationen überzeugen konnten und die nun zur Sache gehen wollen, nicht gleich alle Einsatzbereiche und Konzepte gleichzeitig in Angriff zu nehmen. Suchen Sie sich am besten den Startpunkt aus, der für Sie am einfachsten zu bewältigen scheint. Denn wie wir zu Beginn dieses Kapitels bereits erwähnt haben, benötigen solche Entwicklungen durchaus Zeit, Energie und Geduld und da können kleine Erfolge durchaus helfen. Wer aber heute bereits mit einem dieser Ansätze startet, hat sich für die kommende Welle bereits einen Wettbewerbsvorteil gegenüber anderen herausgeholt. Schließlich liegen in vielen Unternehmen derartige Konzepte noch in der Schublade, während sie versuchen, ihre Wicked Problems nach wie vor erfolglos mit klassischen Methoden zu lösen.

Wer aber einmal losgestartet ist, dem wird bald auffallen, dass die hier von uns vorgestellten Konzepte nicht isoliert voneinander zu betrachten sind, sondern dass sie sich in gewisser Weise wechselseitig bedingen und beeinflussen. Die Entwicklung von Sozialkapital erfordert nämlich eine ausreichende Beschäftigung mit den Stakeholdern. Mit modernen Leadership-Ansätzen wiederum ist man in der Lage, entsprechend förderliche Betriebssysteme für die psychosoziale Gesundung von Organisationen zu entwickeln, was in weiterer Folge zu einer Steigerung des sozialen Kapitals führt, und so weiter und so fort. Hier ist der erste Schritt auf eine lange Reise tatsächlich der wichtigste – nur sollte man ihn bald tun, wenn man von den positiven Effekten profitieren möchte. Denn wir arbeiten in unserer Beraterpraxis mit den hier vorgestellten Methoden und Konzepten schon seit Längerem und konnten, nicht zuletzt aufgrund der vielen wirtschaftlichen Krisen und der rasanten Marktveränderungen der vergangenen Jahre, auch in durchaus sehr traditionell orientierten Wirtschaftsbereichen ein wachsendes Interesse an unserer Arbeitsweise wahrnehmen.

Literatur

Badura, B., Walter, U., & Hehlmann, T. (2010). *Betriebliche Gesundheitspolitik. Der Weg zur gesunden Organisation* (2. Ausg.). Berlin/Heidelberg: Springer.

Badura, B., Greiner, W., Rixgens, P., Ueberle, M., & Behr, M. (2013). *Sozialkapital. Grundlagen von Gesundheit und Unternhemenserfolg* (2. Ausg.). Berlin/Heidelberg: Springer.

Barrett, R. (2011). *The new leadership paradigm*. Raleigh: lulu.com.

Bourdieu, P. (1983). Ökonomisches Kapital, kulturelles Kapital, soziales Kapital. In R. Kreckel (Hrsg.), *Soziale Ungleichheiten (Soziale Welt Sonderband 2)* (S. 183–198). Göttingen: Schwartz.

Coase, R. H. (1937). The nature of the firm. *Economica, 4*(16), 386–405.

Czymmek, F. (2003). *Ökoeffizienz und unternehmerische Stakeholder.* Köln: Universität zu Köln.

Freeman, E. R. (1984). *Strategic management: A stakeholder approach.* Boston: Pitman.

Freeman, et al. (2010). *Stakeholder theory: The state of the art.* New York: Cambridge University Press.

Karazman, R. (2015). *Human quality management.* Berlin/Heidelberg: Springer.

Luft, J., & Ingham, H. (1955). The Johari window, a graphic model of interpersonal awareness. In *Proceedings of the western training laboratory in group development.* Los Angeles: UCLA.

Ninc, M. (2019). *Gallup engagement index Deutschland 2019.* Berlin: Gallup GmbH.

OECD. (2001). *The well-being of nations: The role of human and social capital.* Paris: OECD.

Schein, E. H. (2016). *Organizational culture and leadership* (5. Ausg.). New York: Wiley.

6

Wohin geht die Reise?

Unsere Welt hat sich seit der Erfindung der Dampfmaschine dramatisch verändert, so sehr, dass man mit gutem Recht von verschiedenen Zeitaltern sprechen kann. Wir haben gezeigt, dass die ersten fünf Wellen des Wirtschaftswachstums vom technologischen Fortschritt geprägt waren. Doch gleichzeitig mit den technologischen Entwicklungen hat sich auch das sozioökonomische System über die letzten Jahrhunderte verändert – und mit ihm die Bedürfnisse, Erwartungen und Anforderungen der Menschen an ihre Arbeitswelt. Jedes Zeitalter wird bestimmt durch ein Leitthema, durch das das Zusammenwirken zwischen Individuen und Kollektiv, zwischen Gesellschaft und Wirtschaft maßgeblich bestimmt wird. Die ersten vier Wellen stellen das Zeitalter der Industrialisierung dar. Der Wert der menschlichen Arbeitskraft wurde bestimmt durch den Erwerb von Fähigkeiten. Das Leitthema dieses technologiegetriebenen Abschnitts sozioökonomischer Entwicklung war: Du bist, was du kannst! Seit Beginn der fünften Welle und einhergehend mit der Digitalisierung und der damit verbundenen umfassenden Zugänglichkeit und Demokratisierung von Information befinden wir uns im Übergang zu einem neuen Zeitalter, in dem Wissen zum wichtigsten Asset wird. Das neue Leitthema ist damit: **Du bist, was du weißt!**

A. Kossik, K. Hitschmann, *Die sozioökonomische Transformation*, https://doi.org/10.1007/978-3-662-62950-5_6

Die Auswirkungen der Digitalisierung und der automatischen Verarbeitung von Informationen werden uns aber noch länger begleiten. Wir werden in den nächsten Jahren noch mit vielen technologischen Innovationen und Neuerungen konfrontiert werden, die uns sämtliche Daten noch rascher und noch präziser zur Verfügung stellen und Tätigkeiten übernehmen werden, die heute hoch bezahlten Kopfarbeitern vorbehalten sind. Das stellt eine Bedrohung für viele Personen dar, die ausschließlich von ihrem heutigen Spezialwissen leben, wie Fachexperten und Fachberater, wie Verkäufer, Juristen, Ärzte und viele andere. Um in einer solch digitalisierten Wissensgesellschaft jedoch weiterhin erfolgreich zu bleiben, werden Wissensarbeiter lernen müssen, das weltweit digital verfügbare Wissen in ein „sozioökonomisches Anwendungswissen" überzuführen. Das heißt also, wir müssen lernen, wie wir das verfügbare Wissen in sozialen Systemen wie Unternehmen und Organisationen effektiv einsetzen können. Und genau dafür benötigen wir die in den vorherigen Kapiteln beschriebenen sozialen und emotionalen Kompetenzen.

Wir hatten im Zuge der Recherchen für dieses Buch die Gelegenheit, persönlich mit Leo A. Nefiodow zu sprechen. Und weil wir beide aus Prinzip sehr neugierig sind, wollten wir unbedingt auch seine Gedanken dazu hören, welche Trends er sich für die 6. Welle erwartet und in welche Richtung sich, seiner Meinung nach, unsere Gesellschaft und Wirtschaft weiterentwickeln wird. Wenig überraschend stellte auch Nefiodow klar, dass wir vor einem Paradigmenwechsel stehen:

„In der 6. Welle geht es um den Menschen. Es geht wirklich darum, die ganzen Reibungen, Verluste, Streitigkeiten, Intrigen, Kämpfe wegzulassen. Das ist doch das, was uns die Kraft raubt. Die Kreativität vernichtet."

Und er setzt konkret nach:

„Wir können noch so viele Informationsmedien betreiben, Transaktionskosten analysieren und strukturieren, Arbeitseffektivität durch neue Formen der Arbeitssteuerung und neue Formen des Managements suchen, etc., wenn es nicht gelingt, die Ebene 4 (Anm.: die psychosoziale Gesundheit in Nefiodows Gesundheitsmodell) richtig zu erschließen – die qualitative Zusammenarbeit zwischen Menschen, über Egoismen hinaus."

Die 6. Welle wird also für die derzeit noch vorherrschende Art, Wirtschaft zu definieren und zu begreifen, zu einer echten Herausforderung. Nefiodow erwartet auch, dass die in den nächsten Jahren stark wachsende Gesundheitsindustrie als Leitindustrie große Fortschritte in der Weiterentwicklung der Biotechnologie mit sich bringen wird. Sie wird somit auch bahnbrechende Erkenntnisse über unsere „psychovitale Gesundheit", also über das biologische Zustandekommen unserer Emotionen, Gefühle und zwischenmenschlichen Beziehungen liefern. Gemeinsam mit den schon teilweise bestehenden Angeboten der Psychotherapie könnte die Biotechnologie das verborgene destruktive Potenzial in unserer Gesellschaft und in den Organisationen aufzeigen und teilweise lindern oder heilen. Damit würde die Gesundheitsindustrie zur echten Querschnittsindustrie aufsteigen. Sie würde alle Bereiche unseres heutigen Lebens und Wirtschaftens durchdringen und unser Verständnis von der menschlichen Natur völlig revolutionieren. Wenn wir zurück an die Entwicklung der Dampfmaschine und an die daraus entstandenen gesellschaftlichen Umbrüche denken, können wir uns in etwa vorstellen, wie grundlegend sich unser heutiges Wirtschafts- und Gesellschaftssystem durch solche Erkenntnisse verändern wird.

Während sich die psychovitale Gesundheit auf die Ebene der Gefühle, Emotionen und zwischenmenschlichen Beziehungen fokussiert, greift die psychosoziale Gesundheit sogar eine Ebene höher ein, und zwar auf der Ebene der Werte und Tugenden wie Maßhalten, Aufrichtigkeit, Wahrhaftigkeit, Gerechtigkeit, Freundlichkeit und Nächstenliebe. Selbst wenn wir diese hehren Ziele nicht gleich am Höhepunkt der 6. Welle erreichen, so können wir heute schon erkennen, dass die Wissensgesellschaft noch nicht der Weisheit letzter Schluss ist. Wissen ist nämlich ein zweischneidiges Schwert. Es kommt immer darauf an, wie und zu welchem Zweck es eingesetzt wird. Wird es zu einem Werkzeug der sozialen Unordnung oder unterstützt es die psychosoziale Gesundung?

Unsere Beschäftigung mit der Theorie der langen Wellen wirtschaftlichen Wachstums hat uns gezeigt, dass sich unser sozioökonomisches System mittlerweile so schnell verändert, dass es zukünftig wahrscheinlich immer schwerer werden wird, einzelne Wellen und ihre Auf- und Abschwünge eindeutig zu erkennen und gegeneinander abzugrenzen. Denn schon der Übergang zwischen der Digitalisierungswelle und der Welle

psychosozialer Gesundheit entspricht nicht mehr dem bislang beobacht-
baren Rhythmus. Die Wellen werden kürzer und gehen immer mehr in-
einander über. Das lässt uns vermuten, dass auch die zukünftige 7. Welle
bereits mit der 6. Welle überlappt. Während in der 6. Welle noch ein
gewisser Wirtschaftspragmatismus herrscht und die psychosoziale Entwicklung vom Gedanken an Wettbewerbsvorteile und Effektivitätssteige-
rung in Organisationen getrieben ist, postulieren wir, dass der von Nefiodow beschriebene Trend zur qualitativen Zusammenarbeit von Menschen
damit bei Weitem noch nicht abgeschlossen ist. Denn wir beginnen bereits erste Zeichen einer Weiterentwicklung in Richtung eines wertege-
triebenen sozioökonomischen Systems auszumachen, dessen Leitthema
ist: **Du bist, wofür du stehst!**

Erste Zugänge bestehen beispielsweise in der Gemeinwohlökonomie
oder in Organisationen, die ihre Leistungen an den Prinzipien der sozialen Nachhaltigkeit ausrichten. Aber auch die vorher beschriebenen, noch
überschaubaren Communities können sich in einem nächsten Schritt in
Richtung eines kollektiven gesellschaftlichen Werteverständnisses weiterentwickeln. Während es in einer solchen Wertegesellschaft darum geht,
wie ethische Diskurse ausgestaltet werden, wird die moralische Frage in
Unternehmen und Organisationen von Kommunikations- und Reflexi-
onsprozessen getragen sein. Versteht man Organisationsethik in ihrem
ursprünglichen Verständnis als die „Organisation von Ethik" (Heller und
Krobath 2010), dann wird schnell klar, dass es dabei nicht um das Formulieren von unternehmerischen Leitbildern oder Verhaltensrichtlinien
und damit um eine Individualisierung ethischen Handelns gehen kann,
sondern dass es sich vielmehr um die konkrete Ausgestaltung förderlicher
Rahmenbedingungen und die praktische Implementierung von Maßnahmen handeln muss, die einen laufenden Austausch mit Umwelten
ermöglicht. Ethik in Organisationen muss kollektiv „erstritten" werden,
indem sie sich einer aktiven und offenen Wechselbeziehung mit ihren
Stakeholdern in der Gesellschaft aussetzt. Nicht die Wirtschaft hat, wie
es so oft gebetsmühlenartig vorgetragen wird, eine gesellschaftliche Verantwortung – nein, die Gesellschaft hat eine Verantwortung der Wirtschaft gegenüber: Sie muss sich wieder aktiv einbringen und zu einem
moralischen Partner werden.

Literatur

Heller, A., & Krobath, T. (2010). Organisationsethik – Eine kleine Epsitemolo-gie. In T. Krobath & A. Heller (Hrsg.), *Ethik organisieren – Handbuch der Organisationsethik* (S. 43 ff.). Freiburg: Lambertus.

The manufacturer's authorised representative in the EU is Springer
Nature Customer Service Centre GmbH, Europaplatz 3, 69115 Heidelberg,
Germany. If you have any concerns regarding our products, please
contact ProductSafety@springernature.com

Printed and bound by CPI Group (UK) Ltd, Croydon, CR0 4YY
28/04/2026
02098486-0002